事件記者、保育士になる

Jiken-Kisha
Hoikushi ni
Naru.

緒方健二
Ogata Kenji

CCCメディアハウス

はじめに　事件記者、保育士を志す

「仕事を口実に子育てや家のことなどいっさい放棄し、己の家庭すら蔑《ないがし》ろにしていた者が人さまの子どものために今さら学びたいとは一体どういう料簡《りょうけん》か？」

覚悟していたとはいえ散々な言われようでした。

子どもを守るための専門的な知識と技能を学ぶため、短期大学の保育学科に入ろうと思う。そう、おずおずと家人に切り出した際の反応です。当方、62歳。朝日新聞社を2021年5月に退社してから数か月後のことです。

指摘された事実は認めざるを得ません。ぐうの音も出ません。心の中で「いや、息子とは野球をしたり、一緒にゲームに興じたりしてそこそこ遊んだし、家のことを気にかけていたつもりだが……」と反論を試みるも、一般社会でいうところの「よき父親」像には果てしなく遠く及ばぬことは自覚しています。

朝は山際が段々白くなる頃に家を出て、草木も眠る丑《うし》三つ時に帰宅する日々でした。家族と食事をともにしたことはほとんどなし。ごくたまの休日も事件発生の報を知るや現場へ飛び出していく。

忘れられない光景があります。

珍しく、夕方に帰った日のことです。駅から自宅への道中で、当方のサンダルを引きずるように履いて歩く当時小学校低学年の息子と出会いました。おう、迎えに来てくれたんか。普段ろくに遊んでやれなくて、すまん。口を尖らせつつも嬉しそうな顔を見て、申し訳なさと切なさで涙腺が緩みました。

そんな日々をざっと40年間、当方は新聞記者として過ごしてまいりました。

父も新聞記者だった

1958年、大分県で生まれました。

父は地元新聞の記者でした。合羽《かっぱ》姿でバイクに跨《また》がり大雨降りしきる街に飛び出したり、肩からカメラを提げて警察署にふらりと出入りしたりする姿を覚えています。その警察署の道場では警察官が子どもに剣道や柔道を教えていて、当方も幼稚園児の時分から通いました。

父の職場は朽ちかけた旧武家屋敷で、住宅を兼ね、新聞販売店も併設されていました。地元紙のほかに朝日や毎日、読売などの全国紙や日本共産党の機関紙「赤旗」が揃っていて、記事の意味も理解できぬまま活字を追っていました。

テレビは正時になるとＮＨＫにチャンネルを切り替えられ、ニュースを見る（強制的に）のが常でした。

ある時期、「よしのぶちゃん」との固有名詞がニュースで連呼され、聞き入りました。東京の４歳男児が１９６３年に誘拐され、殺された事件です。

自分と年齢の近い子どもがなぜこんな目に、と恐怖と憤《いきどお》りを覚えたものです。しばらくは外出時におもちゃの日本刀を半ズボンのベルトに差し、誘拐犯と遭遇した事態に真面目に備えていました。

家の一角には「暗室」がありました。父らが撮影した写真フイルムを特殊な液で現像し、印画紙に焼き付ける場所です。立ち入りを厳しく禁じられていましたが、そう言われると余計に侵入を試みたくなる小童《こわっぱ》でした。こっそり入ってみたものの鼻をつく現像液の匂いが不快で捜索不十分のまま退出しました。

焼き付けた写真は母が近くのバスターミナルに持参し、新聞社本社にバスで送ります。デジタルカメラで撮影した写真をネット経由で現場から瞬時に送稿できる現在のなんと便利なことか。


敬遠気味だったNHK番組のなかで、例外的に好んで見たドラマがあります。『事件記者』（1958〜1966年放送）です。東京の警視庁に詰め、事件や捜査を取材する新聞記者が主人公です。昼夜を問わずに事件を追いかけ、各社と競争しながら読者にいち早く有益な情報を届けようと取材する姿に憧れました。後に実現したのはよいとして通算10年に及ぶ警視庁詰めで心も体も家庭もぼろぼろになりました……。

思えばこのドラマを含め、幼少期に見聞きしたあれこれが新聞記者への興味をかき立て、志望する萌芽《ほうが》となったようです。

事件、事件、とにかく事件

大学は「新聞学専攻」のある同志社大学（京都市）に進みました。

新聞の歴史や機能を学び、マスコミ出身の教員や、同じ夢を持つ学生らと、ジャーナリズム論を語り合う日々でした。

出来事を歴史に刻み、時に社会の矛盾を掘り起こして解決に導く可能性を秘めた新聞記者になろう。そう青臭く思い定めました。

就職活動は新聞社と放送局のみを受験し、1982年に入った毎日新聞社で新聞記者稼業を始め、1988年に移った朝日新聞社で終えました。

新聞記者が取材する対象は森羅万象ですが、当方の場合は著しく偏っており、事件・組織犯罪・警察・反社会的勢力が大半でした。記者生活の9割7分8厘をこれらが占めます。こんな記者は滅多にいません。おかしい。甚だしく歪《いびつ》です。

一般的に全国紙の新人記者は、最初の赴任地で警察を担当しながら経験を積んでいきます。その後、次の赴任地や本社に異動します。

本社の編集部門には、社によって名称が異なりますが「政治部」や「経済部」、「文化部」、「運動部」、「写真部」のほか記事の見出しや扱いを担当する「整理部」などがあります。

当方は支局（全国の県庁所在地にあり。朝日新聞はいま総局と呼びます）時代に短期間、警察以外の分野を担当した時期を除き、本社では、ずっとずっとずっと、ずうううっと「社会部」で事件の担当でした。

社会部は事件だけが担務ではありません。その名が示す通りに社会で起きることすべてが取材対象で、政治も経済も文化も教育も運動も然りです。にもかかわらず当方の担当を振り返ってみると、朝日新聞ではこの通りです。

西部本社（福岡）

福岡県警捜査2課（贈収賄や詐欺）

捜査4課（暴力団犯罪）

東京本社

警視庁警備・公安（過激派、右翼、スパイ事件、テロ、要人警護、災害対応）

↓

捜査1課（殺人、強盗、誘拐、立てこもり、ハイジャック、業過事件）

↓

サブキャップ

↓

国税（脱税、所得隠し）
←警視庁キャップ5年

これでは終わりません。さらに……

事件担当デスク（全国の取材拠点から出稿される原稿チェックや取材指揮）
←事件・警察担当編集委員10年
←組織暴力専門記者

この間、無数の事件を取材しました。殺人事件は優に700件を超え、子どもが被害者となる誘拐や立てこもり、ハイジャックなどの凶悪事件だけではなく、政治家や公務員が賄賂を受け取って政道を歪める贈収賄事件に、過激派テロ、身勝手な理屈によって白昼の市街地で拳銃をぶっ放し市民を巻き添えにする暴力団抗争、などなど。
1995年に東京であった地下鉄サリン事件といった世界史に刻まれる大事件にも遭

遇しました。

決して自ら望んで飛び込んだ「事件無間地獄」ではありませんが、時に犯罪関与者に直接会って背景や動機に迫る取材を続けるうち、人間の業や社会の現実を否応なく知りました。そして、これを記事で読者のみなさまに伝えることの達成感や空しさの入り交じった何かに取りつかれてしまったようです。

ある警察官の言葉

取材した事件には子どもが被害者となるものもたくさん含まれます。

本来なら無条件に愛され、慈《いつく》しまれてすくすくと育つべきなのに、飢えを強いられたり、暴力をふるわれたり、命を絶たれたりする。怒りを胸に事件の背景を取材し、その時点でわかったことを報じ、被害・再発防止の手立てを探ってきました。

でも次から次に起きる新たな事件への対応を迫られるうち、どれも忘れてはならぬ事案なのに、いつしか記憶が薄れ、事件への向き合い方が中途半端になっていました。

子どもが虐待で命を落とした事件を捜査してきた警察官がこう言いました。

「捜査で被害者の無念を晴らすことは出来るけれど、成育環境までは手が回らない」

児童虐待に遭う子どもは、家庭に様々な問題があることが少なくありません。加害者を立件しても、育つ環境の改善に関わることは警察には難しい、との嘆きです。当方もまた、子どもを守ることについて新聞記者の限界を感じ始めていたのかも知れません。

虐待は年々増える一方で、保育の現場にもこれを防ぐ取り組みが求められていると知りました。登園時に子どもの様子を子細に観察してけがの有無をチェックする「視診」を欠かさない。加害者となる保護者もいることから保護者の悩み相談に応じて助言する「保護者支援」も保育士が担っています。知らなかった。

新聞記者時代は、関係者に片端から話を聞いて記事にまとめて終わりでした。子どもの健全な成長や発達にはどんな環境が最適か。保護者の支援に必要とされる専門知識とは？　子どもを守るための法制度や施設にどんなものがあるか。聞きかじった事ばかりでした。

もういちど虚心に学び直し、専門知識のみならず、お遊戯や折り紙、授乳方法にお昼寝時の体位、かてて加えてピアノ演奏技術を習得しなければ「子どもを守る」などと大言を吐く資格なし。そう考えて短大入学を決めた次第です。

申し遅れました。
緒方健二《おがたけんじ》と申します。

本書は、馬齢を重ねただけで何事もなし得ていない中途半端な当方が、もがき苦しみながら45歳も年下の同級生（大半は女性）に交じって保育士資格と幼稚園教諭免許取得を目指した記録です。ご笑覧願えれば幸甚《こうじん》です。

目次 Index

事件記者、保育士になる

第三章 短大のなかの個性的な人たち

第四章　事件記者遊戯

第五章　現場では子に学ぶ

第六章 試験にはみんなで勝つ

第七章 事件記者、保育士になる

おわりに　保育士になった事件記者の現在

第一章 野獣、花園へ迷い込む

Jiken - Kisha
Hoikushi ni Naru.

右ポケットにセブンスター

2022年4月5日の朝は快晴でした。

春にしては強い日差しが目に染みます。

新聞記者時代からの「戦闘服」たる黒スーツに漆黒のネクタイを締め、出立《しゅったつ》の支度《したく》にとりかかります。

ネクタイは、送別会を催してくれた新聞社の後輩たちから頂戴《ちょうだい》しました。ひそかに敬慕するプロアイススケーター、羽生結弦さんもショーで時折着用しています。節目の大勝負に欠かせません。

白ワイシャツのボタンは最上段まで留めました。気合いの表明であるだけでなく、たるんだ首のしわを隠す効能もあります。

ハンカチよし、携帯灰皿よし、財布よし。腰痛緩和ベルトよし。

持ち物確認もおさおさ怠りなし。

4月5日は、プロ野球のスーパースター、巨人の長嶋茂雄さんが公式戦デビューした日でもあります。当方の生まれた1958年のことでした。国鉄（現ヤクルト）の大エース、金田正一投手から4打席連続三振をくらいました。
長嶋さんに憧れて野球を始めた当時の幼稚園児の新たな門出です。愛用のバットで素振りをくれ、邪気を払います。

見送りなんていりません。
清めの切り火があればいい。

火打石と火打金代わりに百円ライターをカッチカチ、よし、行って来るぜ。

きょうは短期大学の入学式です。

久々の学生生活の初日に遅刻は許されません。タクシーを奮発し、意気揚々と会場に向かいます。
道中、サイレンを鳴らして緊急走行するパトカーとすれ違いました。常ならば事件記者の哀しい性で、Uターンしてパトカーを追いかけるところ、本日はじっとこらえました。

式開始の1時間前に着きました。

タクシーの勘定を済ませると、運転手さんが「いってらっしゃい、せんせい」と声を掛けてくださいました。いえ、いや、やはりそう見えますよね。

桜が咲き誇り、風光るキャンパスをぶらつくと、そこかしこに着慣れぬスーツ姿の若者たちがいました。

みなさんマスクをしていて、表情が読み取れません。目の動きから気持ちを察する訓練を積んできました。緊張が伝わってきます。

おめかしをした保護者がにこやかにわが子を見守り、晴れ姿を撮影しています。慈しんで育てたお子さんのため、決して安くはない入学金や授業料を工面なさったに相違ありません。これからの2年間を楽しく、事故なく謳歌して。そう心底から願っていることでしょう。

ご安心めされよ、万が一お子さんが危難に遭遇した折には、及ばずながら当方が救いの手を差し延べて進ぜますとも。

こんなに晴れやかで、希望に満ちた場に身を置くのは、約半世紀前の大学入学以来です。当時は入学式に親がついてくるなんて考えもしませんでした。もし参加を望んでも断っていたでしょう。

しかし、世は少子化。子どもの晴れ姿は余さずに見届けたいのでしょう。

穏やかな心持ちになったところで一服したくなりました。喫煙所を探すも学内は無情にも全面禁煙です。

当方が学生時代は、講義中の教室でも吸えたのになあ。

隔世の感があります。やむなく近くのコンビニエンスストアへ。

40年以上苦楽を共にしているセブンスター、きょうも変わらずにうまい。

でも子どもや妊婦さんをはじめ人さまがいるところでは絶対に吸いません。20歳未満の同級生にも喫煙は「ダメ、絶対」と言わなければ。

立て続けに2本ふかしながら、大人の務めを果たすことを誓いました。

午前9時半すぎ、会場の講堂へ。

それまで当方を保護者か教職員とみなし、安らかに見守ってくださっていた人たちの視線が一転、にわかに訝《いぶか》しむそれに変わりました。

無理もありません。

フレッシュマンにほど遠い風体のおっさんが、野獣のごとき険しい目付きで周囲を睥睨《へいげい》しつつ、肩で風切りながら新入生の席に向かってずんずんと歩を進めるのですから。警備員さんに制止されなかったのが不思議です。

全身に突き刺さる視線シャワーを浴びていたら、記者時代の取材体験を思い起こしました。

「何しに来たんや、ワレ、おう？」

ある事件への関与疑惑を問いただすため、某所へ出向いたときでした。

標的のそのお方は、大きな机の上に両足を揃えてでんと乗せている。こちらをねめつけながら詰問なさる。当方は動じていない風を装って来意を告げ、ソファに浅く腰掛けました。

どんなやり取りをしたか。

詳しくは申し上げられませんが、相手はこちらが持っている情報を探りつつも一貫して関与を否定します。

一問一答は後にメモ起こしをしたものの、大半は記憶の彼方です。でも先端が鋭く尖り、ぴかぴかに磨き上げた白いお靴が目の前で小刻みに揺れていた様子はいまも忘れられません。

そのお方との面会前、別室で配下と思われるごつい男性に「隠しマイクとか仕込んでないやろな、おう？」と、全身をまさぐられたのも震える思い出です。

それに比べれば、講堂に集う善男善女のみなさまが当方に向ける眼差しなんぞ恐るるに足りません。

「ご疑問あらばどうぞ遠慮なくご誰何あれ、おう？」

胸の内で呟きつつ固いパイプ椅子に行儀よく、ちんまり座っていました。

式は粛々と延々と続きます。

寄る年波には勝てませぬ。かねて悪くしている腰に痛みが生じました。抜かった。格好つけずに腰痛緩和ベルトを装着しておけばよかった。拳でとんとんと叩いても効果なし。

尾籠《びろう》な話で恐縮ながら、コーヒーを朝から5杯も飲んだせいで尿意を催してまいりました。入学するのがいくら保育学科とはいえ、幼児のように挙手して「せんせい、おしっこ」とは言えませぬ。

「勉学精進」を誓い、ずっと歯を食いしばっていたためか部分入れ歯がずれました。いったん外し、装着し直したい。

眼前で起きるすべてを一瞬たりとも見逃すまい。瞬きを極力控えていたため目の乾きも尋常ではありません。

愛用の目薬の出番です。スーツの右ポッケにいつも忍ばせています。手を突っ込んで探るも見つからない。指先に触れるのはライターにセブンスター、靴べら、絆創膏、おクスリの入ったパケ（小さなポリ袋）……。

忘れたか。いや、きっとあるはずだ。

壇上の学長さんらのありがたいお話を拝聴しながら、ポッケの内容物をひとつずつ出しては入れを繰り返しました。

セブンスターの箱を取り出すと、その下に目薬が隠れていました。

この野郎、手間を取らせやがって。

数滴差し終えて周囲を見渡すと、みなさん膝の上に両の拳を乗せ、微動だにしていません。落ち着きのないのは当方ばかり、不明を深く恥じるのでした。

強面63歳、短大生になる

入学式を終え、当方を含む保育学科の新入生約90人はオリエンテーション会場の教室に移動します。

その教室は、当方より8歳だけ若い1966年にできた建物の5階にあります。エレベーターは1基しかありません。しかもコロナ禍のさなかで、感染拡大防止のため乗る人数が3人までに制限されている。順番を待っていてはオリエンテーションの開始時刻に間に合わない。

よし、階段で行こう。

頑健なる63歳の心身を若い衆に見せつける好機だ。

2段飛ばしで駆け上がり始めましたが、3階に達したところで息が上がり、ふくらはぎと腰に痛みが生じて進めなくなりました。階段の手すりにもたれかかって小休止する当方を、若者が憐憫《れんびん》の笑みを浮かべながら次々と抜かしていきます。

ふう。

当方が入学したのは北九州市にある私立東筑紫《ひがしちくし》短期大学の保育学科です。

JR小倉駅からタクシーで約10分、走れば20分、歩けば50分ほどの場所にあります。大きな県道沿いにあって交通の便はよいのですが、近くに喫茶店は少なく古書店や雀荘もない。学生街の趣はありません。

運営する学校法人の資料によると、昭和11（1936）年創立の洋裁女学院を起源とし、短大は昭和25（1950）年にできました。

この学校法人は、短大のほかに4年制大学、高校と中学校、認定こども園も運営しています。すべての在籍者は約2800人（2024年5月現在）です。

保育学科の前身、保育科は昭和29（1954）年に設置されました。保育科の歴史は九州で最も古いとされ、卒業生は1万3千人を超えます。保育や幼児教育の現場で働く人材の養成拠点として一定の評価を得ているようです。

日本で初めて24時間保育を始めたことで知られる「エイビイシイ保育園」（東京・新宿）の園長、片野清美さんも卒業生です。

保育園のホームページや片野さんの著書『「ＡＢＣ」は眠らない街の保育園』（広葉書林、１９９７年）によると、片野さんは東筑紫短大を卒業後、地元の保育所で保育士として働き、32歳で上京。１９８３年に新宿の職安通りに面したビルで、前身の「ＡＢＣ乳児保育園」を開きました。

以来、深夜・未明まで働く保護者のため、子どものための活動を続けておられます。尊敬します。

新聞記者時代、この界隈をよく歩きました。近くにはアジア最大といわれる歓楽街の歌舞伎町があり、事件が頻発していたからです。

異なる出身地の中国人同士が青龍刀《せいりゅうとう》や拳銃を使って抗争を繰り広げる。喫茶店内で外国人が日本の暴力団組員を撃ち殺す。違法薬物や売春も横行していました。

ある事件の取材で、とある国から出稼ぎに来て、この辺りで夜通し働く女性に話を聞いたことがあります。乳飲み子を抱えて途方に暮れていたが、片野さんの保育所に預かってもらって救われた、と。

片野さんは2013年に「吉川英治文化賞」、2020年に「野口幽香《ゆか》賞」を受けました。

野口幽香さん（1866〜1950）のことは短大の講義で学びました。日本の保育・幼児教育の先駆者です。明治33（1900）年に、貧しく、放置された子どもたちのための保育施設「二葉幼稚園」をつくりました。日本初の保育所とされています。賞の主催者は片野さんに賞を授けた理由を「片野清美氏とその働きを支えている方々の活動は、野口幽香の精神に通じるものがある」と説明しています。

機会があれば片野さんに会って、じっくりお話を聞かせていただきたいと願う当方です。

階段を上りつめ、なんとかオリエンテーション会場にたどり着きました。木の床を踏みしめるときしぎしと音がします。使い込まれた木製の机と椅子にも味がある。

さて、どこに座るのやら。入学式でもらった名刺大のカードで確認します。「ご入学おめでとうございます」のメッセージ付きのそれには「クラス　1組」とあります。

おう、1年1組か。はるか昔に入学した小学校も1年1組でした。なんであれ「1」

はめでたい、清々しい。でも学籍番号は5番、これは氏名の五十音順なのでやむを得ない。

指定の席に着いて教室を見回します。予想通り女性が圧倒的に多い。当方の前後と左も然り。席が右端だったので右は無人です。

男性はいねえか。立ち上がって探します。ひい、ふう、みい……。1組には当方を含めて4人、隣の2組に3人の計7人いました。前年度は学年で1人、なんと7倍です。

4年制大学を卒業して入ったという20歳代半ばの野郎も1人いますが、おしなべて大人しそうな印象です。迷える子羊のごとし。けんかしても勝てそうだ。しませんよ、気合いの問題です。

保育学科1年の全容がつかめました。

一、クラス制で1組から4組まである
一、各組に担任教員がつく
一、各組に委員4人を置く

一、出欠・遅刻は必ず担任に連絡

むむむ。ここは小学校か？

大半の学生は高校を卒業したばかりゆえ、こうした仕組みに違和感は持たないでしょう。クラスなし、日々の出欠管理なし、落第しようが留年しようが行き倒れになろうがすべては自己責任の大学で過ごした身には驚きです。

短大はいまどこも存続が危ぶまれています。18歳人口の減少と4年制大学志向の高まりで、学生数は減少の一途です。学生募集停止や閉鎖する短大が相次いでいます。文部科学省の学校基本調査によると、２０２３年度の短大学生数は約８万７千人、ピークは１９９３年度の約53万人でした。

これに伴い短大の数も減っています。文科省によると１９９６年度の５９８校が23年度は３００校です。わが東筑紫短大もここ数年定員割れが続いていて、学生確保に躍起です。

こうした状況下で入学した学生です。手取り足取り面倒を見て、途中で辞めることのないよう卒業まで懇切丁寧に支えようとしているのでしょう。クラス制や担任制導入の背景をあれこれ考えていました。

短大は、学校教育法で大学の一類型と位置づけられています。目的は、同法曰く「深く専門の学芸を教授研究し、職業又は実際生活に必要な能力を育成すること」です。

大学とは目的と修業年限にやや違いがあるものの、ここは荒波ざぶざぶの社会に出る前に乗り切る何かを身に付ける場所です。ならば当方が自堕落に過ごした大学の伸び伸び、放任、すべてはおまえが考えて決めよの方が若い衆の自立を促すよなあ、と胸の内で独り言ちていました。

教員の中にも同じように思う人がいるはずだ。いちど話し合ってみよう。いかん。記者時代の悪い癖だ。疑問に思ったことにこだわり、議論をふっかけようとしている。

我に返ると、学生生活を送るうえでの大切なあれこれを教員が説明なさっている。集中しなければ。

スマホ操作がままならない

オリエンテーションは伝達事項の嵐です。

保育学科4クラスの担任教員の紹介に始まり、卒業に必要な取得単位の数、教科書販売の日時や場所、図書館の利用方法、「針供養」や「大学祭」といった行事案内などなど。

さらに授業はひとコマ90分間で年に30回あり、欠席は8回までならOK、定期試験は年に2回で受験時には必ずスーツと校章着用……。まだまだ続きます。

新聞記者時代からずっと愛用している「ヂーエヌ紙製品株式会社」（東京都荒川区）製のノートにこれらを書き留めていたら、あっという間に5ページが埋まりました。甚だしく強い筆圧の大きな文字を黙って受け止め、インクを吐き出してくれるLAMYのボールペンが頼もしいぜ。

周囲を見渡すとメモしている学生はほとんどいません。まあ、配られた学生便覧や説明資料に書かれてありますしね。

見たこと聞いたことを余さず紙に刻み付けないと安心できないのです。抜けきれぬ記者の性ゆえか。

百年後、どこかのどなたかが薄汚れたノートをたまさか見つけ「短大学生のなすべきこと」を目にするかも知れません。はい、ジャーナリズムの本旨は記録することにあります。

「それでは授業の履修登録をします」

教員の呼び掛けで、配布資料の中から登録用紙を探しますが見当たりません。

半世紀前の大学入学時には、喫茶店に集まった仲間と「この授業は出欠確認なし」、「試験は資料持ち込み無制限」などと情報交換しながら紙に履修科目を書き込んだものです。

「スマホで入力します」と教員が告げました。まずは履修登録をはじめ休講情報やシラバス検索、成績照会など短大生活に必須のポータルサイト「ユニパ」をインストールしてくれ、と。

しばし待たれよ。

こちとら最近まで「ガラパゴス携帯」と呼ばれる二つ折りの携帯電話を使っていたのです。スマホは入学に合わせて泣く泣く新調しましたが、通話とメールの送受信ができればそれでよし。ポータルだのユニパだのと言われても戸惑うばかりです。

ユニパ？

大学の国際スポーツ大会のことですかのう。

いまや多くの大学、短大が導入している「ユニバーサル・パスポート」の略とは知る由もありません。ユニバーシアードではないんだ。笑えもしない繰り言を吐いてみても事態は好転しません。

同級生のみなさんは白魚のごとき指でスマホをさくさくと操作し、登録画面を開いています。上半分が近視、下半分が老眼対応の眼鏡をずり上げ、画面にガンを飛ばしていたら左隣の女子学生がおずおずと声を掛けてくれました。

「あのう、お手伝いしましょうか？」

悪戦苦闘する当方を見ていられなかったのでしょう。ありがたいお申し出に甘えることにしました。

「ここを押さえりゃよろしいのですか」

「いえ、違います。こっちです」

こんなやり取りを繰り返した末、なんとか登録画面に到達しました。

「ありがとうございます。おかげで助かりました」と申し上げたら、「よかったです」と天使のような笑顔と涼やかな声でこの学生がおっしゃいます。

菅原文太さん風の短髪に、こらえにこらえた末に敵地へ乗り込むときの高倉健さん風目付きの当方へのお声掛け、さぞや勇気を要したと拝察します。

この女子学生はバドミントンの達人で、家でペットのウサギ「ぶぶちゃん」を飼っていることを後に知りました。なるほど肝が据わっていて優しさも備えているわけです。

ホームルームで美化委員拝命

よし、オリエンテーションが終わった。

ビールで入学の祝杯をあげるぞ、あてはミミガーとたたみいわしじゃ。

残念ながらそうはいきません、次は別教室でホームルームと。繰り返し申し上げたい、ここは小学校か。

ホームルームは1年1組だけの会合です。担任の教員は当方より少し年かさの女性です。東京の音楽大学を出ていて短大ではピアノ実技を教え、1年の学年主任も兼ねています。ウサギのアップリケが付いたピンクのポーチがよくお似合いです。

よく通る声で歌うように自己紹介をした後、「クラス委員を決めましょう」と続けます。

しつこく言います、ここは短大に非ずして小学校か。

級長にあたる「代議員」2人と「美化委員」2人を選びます。自薦を募るも挙手なし。すると担任が「4人の特待生にやってもらいます」と宣言なさる。

まずい。

手元不如意《てもとふにょい》ゆえに授業料免除となる特待生試験を姑息《こそく》にも受け、運よく合格した当方も美化委員に指名されてしまいました。

ほかの委員3人はすべて女子学生です。みなさん、当方なんぞよりしっかりとしていそうです。頼りにします。

教室の掃除を終え、集めたゴミを捨てに行くのは美化委員の任務です。集積所への道中、相棒の女子学生に話しかけられました。

「緒方さんのような人が同級生でいてくれてよいと思います」

いや、お嬢さん、身に余るお言葉をいただき光栄至極なれどまだ出会って数時間。馬齢を重ねただけのろくでなしがあなたにはどう映っているのか。

発言の真意を聞きたい思いをぐっとこらえました。

ここでは疑問を解明するまで突き詰める記者の性は封印です。勇を鼓《こ》しての発言に敬意を表して感謝に留め、こう勝手に解釈しました。

「経験してきたあれこれを折に触れて伝えてほしい」

合点承知！

風体怪しき野獣の短大における役割を示唆《しさ》してくれたと受け止めます。

先生たちは同年輩、同級生は10代

翌日から授業が始まりました。

午前9時に始まる1限から、午後5時50分に終わる5限までびっしりと詰まっています。同じ教室での授業はなく、わずか10分間の休憩時間にあたふたと移動します。息抜きに一服する暇もありません。つらい。

青息吐息の当方に、すれ違う学生が「こんにちは」と丁寧に挨拶してくれます。教員と勘違いしているようです。本当の教員も同じです。そのたびに「いいえ、ピカピカの新入生です」と否定するのも煩《わずら》わしいので「はい、こんにちは。ご機嫌よう」と教員に成りすまして鷹揚《おうよう》に対応することにしました。そのうちわかるでしょう。

ちゃんとした教育機関で学ぶのは40年ぶりです。

朝から夕方まで連日びっしり詰まった授業のタイトルを眺めていると、未知の領域への関心と意欲が高まってまいります。

「乳児保育」、「保育原理」、「特別支援教育概論」、「子どもの健康と安全」……。うーん、どれも子どもを守るのに欠かせないものに違いない。

ひと科目は前期と後期各15回の授業で完結します。

どんな内容をどう進めるのか。成績評価はどうやってなされるのか。担当する教員はどんな人なのか。

新しいことに挑むに当たっては、できる限りたくさんの情報を集めて臨《のぞ》む。

新聞記者時代の鉄則に則り、短大のホームページなどでシラバスや教員の略歴を調べました。

よっしゃ、準備は万端整った。

さあ、勉強するぞ。

腕まくりして鼻息荒く乗り込んだ学び舎で、個性あふれる教員のみなさまが還暦過ぎの新入生を待ち受けていました。

保育学科の教員は当方が入学当時13人いました。教授は3人で、准教授6人と講師3人、助教1人という陣容です。

経歴書によると、多くは保育所や幼稚園、児童福祉施設で働いた経験を持っています。小学校の校長だった人もいます。

年齢は、当方と同年輩かそれ以上が大半を占めていました。

茶飲み友達が増えるかも。いえいえ、それはなりませぬ。教わる側としての矩をこえてはいけません。

昼飯時は学食が大混雑です。

50分間の昼休みを満喫する学生たちでさんざめく学食の隅っこで、安価迅速のすうどんを啜っていると、別クラスの新入生と思われる女子学生2人が歩み寄ってきました。刑事部屋で捜査の指揮を執る渡哲也さんを気取って眉間にしわを寄せ、ちゅるちゅるやる当方にどんなご用向きか。

「英語の筆記体って書けますか？」

意外な問いです。近く開催される学内行事「レク・スポ大会」用にクラスで揃いのTシャツを作る。胸元に筆記体で「Higashichikushi」と書き入れたいので、その手本をと求められました。

お安いご用です。

渡された紙にさらさらっと書いて差し上げました。

ここで疑問が。いまの若い衆は中学や高校で筆記体を教わらないのでしょうか。当方は中学時代に習い、活字体と異なる字体が大いに気に入りました。シェイクスピアさんやクリント・イーストウッドさんになったつもりでサインの練習に努めたものです。

そのことを2人に聞くと中学でも高校でも習わなかったと教えてくれました。2002年の中学校学習指導要領改訂で、筆記体指導は必修ではなくなったのが理由のようです。ゆとり教育の一環との指摘もあります。

うーん、文部科学省さん、それでよいのでしょうか。

海外でクレジットカードによる買い物をしたり、契約書を取り交わしたりする際には筆記体での署名の方がかっこいいです。若者の雄飛を妨げちゃいませんか。

笑顔で謝辞を告げて去る2人を見送りながら、そんなことを考えました。

美化委員の相棒のご要望に、ささやかながら早速応えられたのなら幸いです。

5か条の誓文――野獣諸法度

キャンパスライフが本格化するにつれ、当方がただならぬ新入生であることはもはやどなたの目にも明らかです。

事件や犯罪の世界にどっぷり浸かっていた前職のことは、一部の教職員しか知りません。

最近まで高校生だった同級生たちは、正体不明の胡散《うさん》臭いおっさんとどう接すればよいのか。戸惑っているに違いありません。当方が18歳の新入生なら、できれば関わりたくありません。

しからばどう振る舞うべきか。

しばし考えた末に行動規範を定め、厳しく自分に課すことにしました。「野獣諸法度」、「5か条の誓文」とも呼びます。

一、目立たぬよう気配を消せ

高年齢、風体、目つき、肩の聳《そび》やかし方、左手をズボンのポケットに突っ込む歩き方などで入学早々から、ただでさえ悪目立ちしている。キャンパスライフを謳歌する主役は若い学生たちである。若い衆の邪魔にならぬよう、穏やかで明るく楽しい雰囲気を壊さぬようカスミソウのごとくひっそりと過ごします。

一、女子学生には「さん」付け、丁寧語で

姓名の「名」で呼び合うのは若者同士ゆえに許されると心得ます。同調は厳に慎む。求められもしないのに女子学生の懇談の輪に割って入らない。話す際には相手が年少者であろうとも「です」、「ます」の丁寧語で。全方位・等距離外交を貫き、孤高の紳士たれ。

「ずいずいずっころばし」や「ロンドン橋落ちた」などの手遊び、お遊戯演習で女子学生と手指や体の接触を余儀なくされる局面もあるでしょう。その場合は事前に「触れてもようございますか」と打診のうえ許可を得よ。

若い女性の名を親しげに呼び、にやけながら肩や手指に触れて毛嫌いされるおっさんをこれまでさんざん見てきました。そんな輩《やから》にきつくお灸を据えたこともあります。

相手を不快にさせるおそれのある言動はいっさい排除せよ。

助けていただいたり、お手間を取らせたりした場合は言葉でのお礼にとどめず、お菓子を必ず差し上げるべし。気持ちを形に。

一、男子学生は呼び捨て、敬語は不使用

性別で対応を異にするとは何事か。発想が古臭い。非難、誹《そし》りは覚悟のうえです。男子には長幼の序を弁《わきま》えさせます。遠慮会釈ないコミュニケーションで、子どもや女性、お年寄り、障害のある人を何が何でも身を挺して守らねばならぬと伝えます。

諸君が早晩《そうばん》漕ぎ出る実社会は、優しさや理想論だけでは生き抜けません。少々のこ

とではへこたれず、志を貫く準備を促したいのであります。

一、全局面で学生の範たれ

最年長の学生として、かつ社会の荒波にそれなりに揉まれてきた人生の先達として、すべての学生の範となるような行動を率先して行います。言動の基本姿勢は「弱きを助け、強きを挫く」とします。

一、全科目で最優秀評価獲得&無遅刻無欠席

大学時代の成績評価は「優」、「良」、「可」、「不可」の4段階でした。短大では優の上に「秀」が加わります。100点満点なら90点以上です。ピアノ実技をはじめ不安な科目がいくつかあるものの、新たな挑戦では目標を高く掲げ、大学時代に果たせなかったことに挑みます。

スーツにネクタイで登校

ほかの約束事として通学時の服装はスーツにネクタイ、ＬＩＮＥの不使用も決めました。

スーツは記者時代からの戦闘服です。戦う場が短大に変わったからといって安易に変更はしません。夏場も然りです。

スーツの優れた点は、①突然の葬儀出席も可能②筆記具やメモ帳、携帯電話、整体院診察券など必需品を多数収納できる、でしょうか。

①は記者時代に先輩から教わりました。義理が重たい浮世でたいそう役に立ちました。

ＬＩＮＥは広く浸透しているコミュニケーションアプリであることは承知も、個人情報管理への不安があり、記者時代も使いませんでした。ところが困ったことに短大では連絡事項の伝達にＬＩＮＥを使うようです。発信元の教員に不使用の理由と方針を説明し、当方にはメールかショートメッセージでと頼み了承を得ました。

お手間をかけて恐縮ながら、譲れぬものは譲れません。いずれ同級生との情報交換が必要になったら同じ要請をします。

大事なことを忘れるところでした。トイレへの入り方です。

古い校舎のトイレは入り口が男女共通で、手洗い場所もひとつです。その奥に男女別のトイレが設けられています。

ある日、入り口のドアを勢いよく開けると手洗い場に複数の女子学生がいました。お化粧を直したり、おしゃべりをしたりしていました。野獣の突然の乱入に彼女たちは驚き、当方を見つめます。あ、ごめんなさい。踵《きびす》を返して退出、別の校舎の男子専用トイレへ駆け込みました。

以来、ここを使う際は外から手洗い場に女子学生がいないことを確認してから、としました。それはそれで不審な行動ですが、どうかご寛恕《かんじょ》ください。

年長者から教えられてきたから

教員に間違われることが多いのは相変わらずです。

ならば敬愛する教員の模倣を、と考えました。山下和美さんの名作漫画『天才柳沢教授の生活』と、英国の作家ジェームズ・ヒルトンさんの小説『チップス先生さようなら』の両主人公です。でも柳沢教授のような上品さもチップス先生の生真面目さも持ち合わせぬことにすぐ気付き、早々にあきらめました。

ふと筒井康隆さんの小説『わたしのグランパ』を思い出しました。高齢の男性が正義感と優しさを武器に子どもを守るために奮闘する話です。映画化され、菅原文太さんが主人公を好演しました。

そうだ、しばらくは文太グランパになりきろう。馴染みの履物店で雪駄を買わなくちゃ。スーツに合わなくもない。

軽佻《けいちょう》浮薄《ふはく》な野獣は迷ってばかりです。

誇れることなど皆無の60余年の来し方を振り返ると、出会った人たちからどれほどたくさんの影響を受け、その後の当方の立ち居振る舞いや考え方の土台になったかを実感します。

幼稚園児のころ、剣道の師だった餅屋のおじいさんには心を磨くことの大切さを教わりました。稽古前、道場で正座して唱えた幕末の剣豪、島田虎之助さんの格言はいまも正確に覚えています。

「剣は心なり。心正しからざれば剣また正しからず。剣を学ばんと欲すれば先ず心より学ぶべし」

しょっちゅう邪《よこしま》な思いにとらわれる当方はそのたびに反芻《はんすう》しています。

学校対抗リレーの指導を仰いだ小学校の教諭からは、練習の合間に当時米国の施政権下にあった沖縄の返還を求める歌を教わりました。いまも歌えます。戦争に関心を抱くきっかけとなりました。

高校時代、文化祭で同級生有志とベニヤ板や発泡スチロールでボートを作り、学校近くの大川を漕ぎ渡ろうとしました。川の中ほどで沈み、ずぶ濡れで命からがら岸に上がりました。

世界史担当の担任教諭は当方らを叱りもせず、「楽しんだか」と労ってくれました。ルビコンを渡ったカエサルさんになれた心持ちでした。歴史は、ときに愚かで無謀な営みものみ込んで作られると悟りました。老爺《ろうや》は一日にして成らず。

「被害者の無念を晴らすのがおれの仕事」と休みなく、帰宅もせずに殺人事件の容疑者特定捜査に没頭する警察官には、仕事に取り組む心構えを叩きこまれました。

こうした人たちのような存在に当方ごときがなれるはずもありません。たまさか同じ空間で同じ時間を過ごす短大の若い人たちに、ほんの少しでも何らかの刺激を与えることができりゃ御の字と思うことにしました。

でも、きっと当方が学び、教わることの方が多いに違いありません。

第二章　事件記者の時代

Jiken-Kisha
Hoikushi ni Naru.

新聞記者稼業39年

朝日新聞社を2021年5月31日付で辞めました。62歳と6か月でした。

その少し前に新聞社の定年年齢が65歳に延長されました。2023年11月までは制度上は働けます。でも退社することを決めました。

意向を固めたのは数か月前でした。

ある未明、いつものように一筋縄ではいかぬ厄介な相手との気持ちを削り合うような長時間の取材を終え、セブンスターをくゆらせているときにふと頭に浮かんだ詩があります。

「ああ疲れた　ほんとうに疲れた」

石垣りんさんの「その夜」の一節です。地道な暮らしに根差した作品で知られる詩人です。

大学を卒業した1982年に入った毎日新聞社で6年間、88年に移った朝日新聞社で33年間、通算で39年間にわたって新聞記者をしてきました。犯罪や事件、警察、反社会的勢力といった分野の担当が大半だったことはすでに申し上げました。

会社の草野球では長く投手兼監督を務めてきました。

各社対抗の大会でふくらはぎの筋断裂を数年おきに繰り返すようになりました。約18メートル先で構える捕手のミットに糸を引くような軌道で吸い込まれていた投球が、いまやへたれの放物線を描きながら届くのがやっとです。

剣道の踏み込みも、床にそっと足の裏を置くような体たらくです。

事件取材でも、かつてのような無理がきかなくなっていました。

徹夜が続こうが高熱があろうが必死で追いかけた事件は、振り返ると数知れません。

そのなかには、猛毒の化学兵器サリンが市街地でばらまかれた東京の地下鉄サリン事件をはじめとするオウム真理教による一連のテロ事件がありました。

地下鉄サリン事件

死者14人、負傷者6千人超を出したサリン事件が起きたのは1995年3月20日のことでした。当方は当時、36歳。朝日新聞東京社会部の警視庁捜査1課の担当で、殺人や強盗などの凶悪事件を取材していました。

その朝、警視庁にほど近い霞が関周辺は騒然としていました。

多数のパトカーと救急車がけたたましくサイレンを鳴らしながら乗りつけ、警察官と救急隊員が慌ただしく走り回っていました。

出勤前の警察官宅を訪ねて捜査の進捗状況を聞く「朝駆け」取材から戻った当方は、霞ケ関駅のホームに通じる階段を駆け降りました。途中で「入るな」と警察官に止められました。

事件現場ではよくあることです。常の通りに無視して進むと「死ぬぞ」と肩を背後からつかまれ、制止されました。

これ以上の強行は救助活動の妨げになりかねない。あきらめて情報を集めるため警視庁の庁舎に駆け込みました。

6階の捜査1課長室に記者が殺到していました。

矢継ぎ早の質問を制して寺尾正大《てらおまさひろ》課長が「これはサリンです。それを一刻も早く速報や号外で伝えてください。付着している衣服はすぐ脱ぎ捨てて、とも」と叫びました。

冷静沈着で知られる寺尾さんの普段と異なる様子から、事態の深刻さが伝わりました。

この事件を機に全国の警察によるオウム真理教への捜査が本格化します。

未曽有のテロをどう伝えるか。読者、国民の不安や恐怖を和らげるため、正確で詳しい情報を届けなくてはならない。

報道機関の存在価値を問われる事態です。

朝日新聞は当時、いまほどインターネット報道に力を入れていませんでした。紙の新聞が情報伝達の主力でしたから、号外用原稿を手放してからは朝刊と夕刊づくりに全力を注ぎました。

同じ日付の新聞でも当時、夕刊は3種類、朝刊は4種類ありました。配られる地域によって記事の締め切り時刻を違えているためです。印刷工場から遠い地域の新聞ほど締め切りが早いのです。記者の作業もこれに合わせます。数回ある締め切りまでに集めた情報を記事にして出稿します。最初の版と最終版の記事が全く違うことはざらにありました。

取材は難航しました。

犯人は誰で、どんな手口を使ったのか。

動機は何か。

捜査は進んでいるのか。

読者のみなさまの関心に応える記事を書かなければなりません。捜査を担う警察はしばしば情報を隠します。ありとあらゆる情報を取って報じるのが警視庁担当記者の責務です。

ところが警視庁にとっても遭遇経験のない大事件で、幹部は会議室にこもって情報収集と捜査指揮にかかりきりです。当方らはほとんど接触できません。同僚らと一緒に知り得る限りの捜査関係者に当たり、断片的な情報を集めます。信用に値するかを限られた時間のなかで吟味しながら一行一行を紡ぎました。

各社総力戦でした。過去に警視庁や警察庁を担当した記者も総動員して情報収集に努めていました。朝日はなぜか警察取材が強くなく、警察担当経験者の支援はほとんど得られませんでした。

当時の警視庁キャップが担当の当方ら十数人に「ここにいるおれたちだけでやるしかねえ」と苦渋の表情で告げた夜を忘れられません。

オウム事件取材中の当方の1日は以下の通りです。

午前1時半　朝刊最終版への出稿完了→翌日付夕刊に何を書くかの会議
午前3時　解散、仮眠
午前4時　起床、朝駆けへ

午前7時　警視庁に戻り、庁内回り
午前8時　朝日新聞ボックス（警視庁内の取材拠点）で打ち合わせ、記事執筆
午後1時半　夕刊最終版出稿終了↓昼食、仮眠
午後2時半　学者にサリン生成法取材
午後4時　朝刊出稿打ち合わせ
午後7時　夜回り取材に出発
午後9時　警視庁帰着。打ち合わせ、記事執筆、庁内回り
午前1時半　振り出しの項に戻り、以下繰り返し

こんな日々が半年間続きました。家には帰れません。ウナギの寝床のような朝日ボックスか、警視庁の中にある畳部屋に潜り込み、よれよれのスーツのまま寝ていました。各社の記者も同様です。

どこも混み合っているときはトイレの個室がねぐらです。便座の上に座って仮眠を取りました。意外と休めるものです。

時折、捜査員が連れ立って入ってくると聞き耳を立てます。会話が記事のヒントになりはせぬかと期待しながら。

石垣りんの詩が染みた未明

記者1年目の1982年8月にあった愛媛・松山ホステス殺害事件のときもこんな日々でした。

アルバイトの女子高校生2人を含む女性3人が射殺された東京・八王子の「スーパーナンペイ」事件（1995年7月）、44人が亡くなった東京・歌舞伎町の雑居ビル火災（2001年9月）が起きたときにも同じように取材に没頭する日々でした。

「月のある晩ばかりじゃありませんよ」と古典的な脅しをかまされたこともありました。数百万円入りの封筒を無言で目の前に置かれたこともありました。某国で犯罪組織の取材を終え、帰国便を待つ空港でおじさん達に囲まれて身構えたこともありました。

暴力団の抗争事件や贈収賄事件、犯罪組織による詐欺事件……。挙げればきりがありません。いつも、関係者への直接取材で実態をつかみ、読者に知らしめて被害を防ぎたいと足掻きました。

読者の目と耳となって、読者の行けない場所へ行き、読者の会えない人と接触し、読者のためになる記事を書く。そう心掛けていたからです。

石垣りんさんの詩をかみしめた未明、そんなことも思い出していました。

２０１４年９月、複数の市民襲撃事件を起こして日本警察から「最凶」組織と徹底マークされていた暴力団のトップが逮捕されました。その後、拠点だった堅牢な本部事務所は撤去され、跡地に福祉施設が建つ予定です。当方が対峙してきた反社会的勢力は今では激減し、往時の脅威は表向き封じられました。時代は変わりつつあります。

暴力団取材は容易ではありません。その勘所《かんどころ》も請われて後輩に伝えました。事件の見立てや警察・反社会的勢力の人脈について、助言や紹介を求めてやって来る他社の後輩もいます。うん、頼もしいぞ。

突っ張って強がってきたけれど、気力と体力、瞬発力に衰えが生じてきたようです。オウム事件当時にこなせていた７日連続徹夜はもはやできません。当方が思い描く記者の責務を果たす自信が揺らいでいました。

「１と１で忍者だよ　どろん」

子どもに人気の手遊び歌「はじまるよ」（作詞、作曲者不詳）の一節です。左右の人差し指を縦に重ねて歌います。

当方も新聞社からそっと消えることにしました。

次に始めることをぼんやり考えながら。

記者として見てきた子どもの事件

退社に伴う煩多《はんた》な手続きを終え、私物を持ち帰りました。引っ越しのたびに不要なものは捨ててきたつもりですが、段ボール箱が23個もありました。ああ、また家人に叱られる。防弾チョッキがなぜか入っていました。

最も多いのはメモ帳やノートです。数え切れないほどの事件や犯罪を取材してきました。見たことや聞いたことを書きつけたそれらは数百冊に及びます。

表紙が破れ、紙が変色してくたくたになった帳面類をつらつらとめくると、当時の記憶が生々しく蘇ります。子どもが当事者になった数々の事件も思い出されました。

少し振り返ります。

新聞記者になって2年目の秋、高校の教室で生徒が猟銃を発砲する事件がありました。

同級生を狙ったのです。一報を聞いて現場に急行し、取材に駆けずり回りました。警察の調べはそれとして、当事者から話を聞かなければ真相に近づけません。狙われた生徒と会いました。

ぽつりぽつりと語るなかで耳を疑ったのは、学校側から退学願を出すよう求められていたことでした。事件の背景がはっきりしない段階で被害者を排除しようというのか。学校関係者に理由を聞きましたが判然としません。

教育の専門家らの意見を交え、学校の対応を問う記事を連打しました。教育現場への不信が芽生えるきっかけとなりました。

東京都内に住む中国籍の10歳少女が行方不明となり、近県の川で数か月後に遺体で見つかる事件がありました。1993年のことです。事件性が濃厚ですが、真相はいまも不明です。

太極拳を教える父親と暮らしていて、父親が仕事で外出中に行方がわからなくなりました。当方は自宅周辺で聞き込みを重ねましたが、父娘を知る人はまれでした。不慣れな異国で命を落とした少女の無念を思いました。

2017年、千葉県松戸市のベトナム国籍の9歳女児が、小学校へ登校途中に連れ去られて殺されました。逮捕されたのは女児の通う小学校の保護者会会長の男でした。判決によると男はわいせつな行為もしていました。

防げたかもしれないという思い

警視庁キャップだった1999年11月には、東京で2歳の女児が殺されました。容疑者として逮捕されたのは、女児の母親の知人だった女性です。2人の長男は同じ幼稚園に通っていて、ともに長男を迎えに来ていた際に事件が起きました。近くのトイレ個室に女児を連れ込んで絞殺し、遺体をバッグに入れて新幹線で静岡県へ運び、土中に埋めたとされます。その後、懲役15年の判決が確定しました。

現場のトイレに行き、女児の驚きと恐怖を想像しました。

顔見知りのおばちゃんがなぜこんなことをするのだろう。わたし、何か悪いことをしたのだろうか。

凶器は女児が着用していたマフラーでした。

動機について東京高裁判決は「女児の母親に一方的に反感や敵意を増殖、肥大させた」と指摘しました。母親との交際を重ねるなかで疎外感やわだかまりがあった、とも述べています。


この女性が専門知識や関係機関とのパイプを持つ保育者らに悩みを相談し、助言を求めていれば事件は防げたのではないか。

調べてみると、２００８年から保育士の業務に「保護者支援」が新たに加わっていました。２０１１年からは「保育相談支援」が保育士養成課程の新設科目に組み入れられたこともわかりました。


大阪府池田市の大阪教育大付属池田小学校に包丁を持った男が侵入し、児童８人を殺し、児童と教諭計15人にけがを負わせたのは２００１年6月でした。

すでに死刑が執行された男の身勝手な言い分には触れたくもありません。後に子どもを亡くしたご遺族と話す機会がありました。嗚咽をこらえながら話してくださいました。内容を明かすことは控えますが、子どもが安全に学び、遊べるはずの学校の危機管理対策の不十分さを思い知りました。

この事件を受けて文部科学省は2002年、不審者侵入時の危機管理マニュアルを作りました。マニュアルは各学校に作成が義務付けられました。でもその後も不審者侵入は続いています。

子どもを守るにはどうするか。校門の施錠や見回りの徹底、防犯カメラの設置は当然です。不審者の侵入を許した後の対応が難しいのです。

当方が不審者と対峙したら、正当防衛の範囲内で叩きのめす程度しか思い浮かびません。道具はどうする。相手の動きを封じる「刺股《さすまた》」の使用が推奨されていますが、これでは不十分です。より効果的な対処法を考えなければなりません。

余談ながら、手近に適当な武器がない場合、「レジ袋に缶飲料を入れて振り回せばよし」だそうです。当たれば相手にかなりの打撃を与え、制圧できるといいます。反社会的勢力の取材中、常に身の危険にさらされているという人が教えてくれました。

居場所を求める子どもたち

1995年のごく一時期、当方は社会部の教育担当になりました。かねて希望していた持ち場で、社会部内で吠え続けてようやく実現しました。わずか6か月で事件職場の国税担当に引き戻されるのですが……。

当時教育チームは毎週2ページの朝刊紙面を持っていました。書く内容は筆者に委ねられていて、当方は子どもの置かれている現状を伝えることにこだわりました。

それまでは教育の行政や制度をめぐる記事が主流でした。大切なことです。否定はしませんが、まずは現場で起きていることを掘り起こさなければ行政や制度の問題点が見えてきません。


関西の古びたアパートに夜な夜な集うのは「非行少年」たちでした。

中学校などで授業について行けず、教師や親からは無視され、犯罪に関わる。矯正施設から戻っても居場所がない。見かねた暴力団組員に提供されたアパートで、アイドルやパチンコのことをだべりながら夜を明かす。

善悪は関係ありません。

居場所を求めて漂う子どもがいる。

そんな実態があることを記事に書きました。

子どもと社会をつなぐもの

この時期には、治療法のない難病で学校に通えない子どもがいることも書きました。14歳の少年は週に数回、自宅に来る教員との触れ合いが大好きでした。「訪問教育」です。当時の制度では高校生の年齢になると訪問を受けられませんでした。

何とか延長してほしい。

そう願う子どもと保護者を全国に訪ね、記事にしました。ある母親は「思春期の接し方を専門知識のある教員から学びたい」と話し、ある父親は「訪問教育がなくなると社会との接点がなくなり、親子は孤立する」と語ってくれました。

当方は、制度にこだわって延長を渋る役所にしつこく取材しました。保護者のみなさんの活動が実り、その後、訪問期間の延長が認められました。

14歳の少年は、間もなく亡くなりました。もっと、これからもずっと訪ねて来る先生に童謡を歌ってもらったり、版画用インキのチューブを絞ったりしたかったに違いありません。

準暴力団に入る子どもたち

また事件に戻ってからは、警察が取り締まり対象とする「犯罪集団」に加入する若者たちの取材もしました。

「怒羅権」と書いて「どらごん」と読みます。警察庁が2013年、暴力を用いて集団犯罪を繰り返しているとして新たな取り締まり対象にした「準暴力団」のひとつです。なんともこなれぬ用語です。

中国残留日本人孤児の2世らを中心に1988年ごろに結成されたといいます。日本の暴力団と結託して犯罪に関わる動きもあり、当方は実態の解明に努めました。指定した警察が、正体をぼんやりとしか把握できていなかったからです。

中国残留日本人孤児は、敗戦前後の混乱で中国に取り残され、中国人として育てられた日本人の子どもたちを指します。その人たちは中国で成長し、結婚し、子どもをなします。日本に帰国した際、連れてきた子どもの一部が「怒羅権」を結成したのです。

伝手《つて》を辿りに辿ってメンバーを探し当て、ようやく会えた複数の男性が結成の経緯を話してくれました。

中国で生まれたから中国語しか話せない。中国では親が日本人という理由で「日本へ帰れ」と殴られた。日本に来てからは、日本の小学校で同級生に無視され、蹴られた。いじめのことは両親を心配させたくないから言えない。一体おれたちが何をしたっていうのか。同じ境遇の仲間で集団をつくり、暴れるしかなかった。

メンバーの1人は「怒羅権」の命名について、日本の「権」力への「怒」り、闘う意味もある修「羅」を組み合わせたと説明しました。

「怒羅権」は各地にあり、込めた意味合いはグループによって異なるようです。

行き場のない環境がある

怒羅権の忘年会に何度か招かれました。

東京の中華料理店やスナックが会場です。いつも数十人が集まります。当方を新聞記者と知って警戒する人もいますが、そこは宴会の場、紹興酒や白酒が進むにつれて本音をぶつけ合います。

「警察は私たちを犯罪集団のように言うが、ワルい話を持ってくるのは日本のヤクザだよ」

だからって乗っちゃいけねえよ。取材するから詳しく聞かせて。

「若い子には正業を持てとうるさく言っている。まっとうな暮らしを支えてくれる日本人もいるんだ」

怪しい呂律で当方は「そうそうそう、涙そうそう」と繰り返した記憶があります。

日本の暴力団組員に取材する際は「なぜ暴力団に入ったのか」を聞くようにしています。理由がわかれば、それをつぶすことで暴力団壊滅につなげられると考えるからです。

警察庁によると、2023年末現在も全国に2万400人の組員がいます。1992年に暴力団対策法が施行されてから最少のようですが、この人数です。

組員によって加入理由は様々ですが、こんなケースが少なからずありました。

幼少時に親と離別
↓物心両面で安心して頼れる大人がいない
↓学校になじめず、さぼって繁華街に入りびたり
↓「面倒見るよ」と声を掛けてくれたのが組員
↓組事務所への住み込みで衣食住の不安が解消した
↓「しのぎ」（資金獲得）のしんどさはあるが慣れれば何とかなる
↓同じような若者がいたら救済・援助のつもりで組に勧誘する

「甘えるな」と指弾するのは簡単です。でも自分のあずかり知らぬことで生きる環境を制限され、その結果道を踏み外す子どもがいます。そうさせない方法を考え、できる限りのことを実行するのが大人の務めと、いつも自分に言い聞かせています。

「わしはペレじゃ」――ブラジルの子どもたちと

紙の黄ばんだメモ帳には、こんな記述もありました。

30年ほど前の夏でした。

久方ぶりに休みを取り、某所へ旅に出たときのことです。

そこは南米の人たちが多い街です。広場の片隅に夕方、十数人の子どもたちがたむろしていました。5歳から15歳くらいに見えます。聞き慣れない外国語で話している。親やきょうだいが仕事を終え、帰るのを待っているようです。

息子連れの当方は、たまさかサッカーボールを持っていました。南米といえばサッカーです。極めて短絡的な発想で子どもたちに「よう、やろうぜ」と声を掛けました。ブラジルの子どもたちとわかりました。もとよりポルトガル語はできません。しかし、身振り手振りで十分に意思疎通はできます。

子どもたちは笑みを浮かべながら、わらわらと集まってきます。靴の爪先で土の地面に線を引いてコートを作り、「よっしゃ、君はこっち。ゆーはあっち」と集団を二つに分けます。ゴールキーパーを指名し、指笛吹いてキックオフ！

当方も加わり、みんなで体をぶつけ合い、汗まみれでひとつのボールを追いかけます。

さすがサッカー大国の小僧たちです。

巧みな足さばきでドリブルやパス、シュートを披露しやがる。ボールを奪おうと猛然と迫る当方を、薄ら笑いを浮かべながらひょいとかわす小童もいます。

「ぼくエメルソン」

「ペレイラだよ」

子どもたちが、次々と自己紹介をしてくれます。

当方ごときに心を許してくれたのか。

ご丁寧に痛み入る。申し遅れました。

「うむ、わしはペレじゃ」

畏れ多くも「サッカーの神さま」を名乗ると大きな笑いが弾けました。

いかんいかん、夢中になっているうちにとっぷりと日が暮れた。そろそろお開きにしようぜ。おとうちゃんやおかあちゃんがお帰りになる時分だ。

帰宅を促していたら、小さな子どもが当方の右手を後ろから無言で握りました。手をつないで一緒に帰ろう、と解釈しました。おう、いいとも、そうしよう。

諸君、楽しいことを教えて進ぜよう。

「見てなよ」

そう言って小石を空に投げ上げます。するとコウモリがあちらこちらから寄ってきます。真似て石を放る子どもたちの目が輝いていました。

夕焼け空にはカラスも舞っています。

長渕剛さんの名曲「カラス」を口ずさむのはぐっとこらえ、日本が世界に誇る童謡

「七つの子」を教え、歌いながら畦道を歩きました。「ハーメルンの笛吹き男」に間違われ、当局に通報されぬようにと祈りつつ。

みんな、元気でいてほしいなあ。

よし、保育士になろう

取材メモを読み耽っていると、持ち帰った段ボール箱の片づけが一向に進みません。

おいおい、おっさんよ、あんな事件があった、こんな取材をしたと振り返ってばかりでいいのかい。確かに子どもを取り巻く社会には厄介な問題が山積みだ。わたしたちの人権は蔑ろにされ、ときに命まで奪われてきた。あんたはその時々に取材してなにがしかの記事を書いたんだろうが、それがどうした。ちいとは事態が好転したのかえ。そもそもわたしたちのことをどこまで知っているのか。「生命の保持と情緒の安定」って何だい？　うつ伏せで寝たままだとどうなると思う？　「エピペン」の使い方は当然知っているよな。

メモの中に住んでいる子どもたちから、そんな問いかけが次々と聞こえてきました。

すべての子どもの保護と基本的人権の尊重、最善の利益の実現を目的にした「子どもの権利条約」が１９８９年、国連で採択されました。条約が国内で効力を発揮するための批准を日本政府がしたのは5年後の１９９４年です。いかにも遅い。

児童虐待は年々増え、貧困にあえぐ子どもも少なくありません。２０２４年版の『警察白書』によると、13歳未満の子どもが被害者となる刑法犯は２０２３年に１万１９５３件ありました。前年より約２３００件増えています。殺人や不同意性交、略取誘拐などおぞましい罪種が並びます。

新聞記者を長くやっただけで何事も成し遂げていない半端者が「疲れた」だの何だのとぬるいことをほざいている場合か。

子どもをめぐる専門的な知識を身につけ、保育・教育の現場を当事者として知らなければ、子どもを守ることなど望むべくもない。

そう考えて、まずは体系的に学べる短大保育学科への入学を決意したのであります。

雇用保険受給の手続きで、退社後、定期的に通っていたハローワークの女性職員に決意を告げると、両の拳を胸の前で握って「応援します」と励ましてくれました。
退職後のあれこれについて助言を仰いでいた人材派遣会社の女性スタッフは「緒方さんの見た目はそんなですけど、目がとっても優しい。きっと子どもに慕われます」と背中を押してくれました。
お身内に保育士がいるといい、「保育に必須のアイテム」と愛らしいエプロン2着をプレゼントしてくださいました。うち1着にはムーミンのキャラクター、スナフキンがあしらわれていました。もじもじ、うじうじなんてしていられねえぞ。

もう後には退けません。

保育学科のある短大に片端から電話をかけ、入学条件や入試日程の調査に着手しました。ただ、学校名に「女学院」が入る短大からは「ゆくゆくは男女共学を検討する可能性があるやも知れませんが、来年度はまだ……」と丁重に断られました。

第三章 短大のなかの個性的な人たち

Jiken - Kisha
Hoikushi ni Naru.

音楽は好きだったが

ピアノは想像以上の難敵でした。

短大の卒業、すなわち保育士資格と幼稚園教諭免許の取得にはピアノ関連の単位取得が不可欠と、入学前から聞いていました。

不安を打ち明けると教員のみなさまは「大丈夫です」と励ましてくださる。いえ、謙遜でもなんでもありません。ピアノをちゃんと教わったことがまったくないのです。

幼少の時分から、音楽との縁は決して浅くありませんでした。

幼稚園の音楽発表会では指揮者を務めました。童謡「歌の町」（作詞勝承夫さん、作曲小村三千三さん）を歌う園児集団より一段高い台の上で、指揮棒を操りました。終了後、観客席に向き直って浴びた喝采が気持ちようございました。大人になったら、歌詞に出てくる鍛冶屋さんになって「かちかち　かっちんな」と呟きながら刀を鍛えよう、と思ったものです。

小学校では学校対抗音楽会に毎回、引っ張り出されました。小太鼓や鍵盤ハーモニカ担当を命じられた回はまだしも、オルガンを宣告されたときは怯《ひる》みました。曲は「こぎつね」（作詞勝承夫さん、外国曲）です。右手のみの演奏ではなく左手も使うとな。しかも弾く音が左右で違うではありませんか。

「できません。鼓笛隊でただいま担当中の小太鼓で手を打ってください」

担当教員に懇願しましたが応じてもらえません。ほかのオルガン担当の女子児童は幼いころからピアノを習っていて、難なく弾いています。指導を仰ぐと丁寧に教えてくれますが、どうしてもできません。覚悟を決めました。本番では右手だけで演奏する。ルール逸脱をこっそりやるのは恥ずべき行為です。教員にその旨を伝えました。

「わかりました。それでいきましょう」

え、ずるが他校のライバルや観客にばれやしませんか。

その懸念はない、と教員が言いました。

鍵盤部分を覆う蓋を跳ね上げて演奏するのだから、客席から演者の手元は見えやしねえ、との仰せです。

本番当日、少しの罪悪感を抱えつつ左手を鍵盤の上で動かし、和音を奏でる風を装いながら右手のみで演奏しました。

いやしくも教員が、子どもに世間を舐める術を教えてはなりませぬ。

それでも鍵盤ハーモニカで弾いた「スパニッシュ・セレナーデ」(作曲ビゼーさん)はいまも指が押さえる鍵盤を記憶しています。小太鼓で叩いた「花」(作曲滝廉太郎さん)のリズムは、花見の宴で小皿を叩く際にも正確に刻めます。音楽は好きなのです。


「お家にピアノはありますか?」


四の五の言っていられません。

野獣諸法度「全科目で最優秀評価獲得」発動!

ピアノ未経験の希望者向けに短大が入学前、オンラインレッスンをしてくれるという。迷わず参加しました。

鍵盤を大きな紙に書いた「紙ピアノ」を事前にもらいました。パソコンの画面越しにまず、ピアノの鍵穴に最も近い白鍵盤が「中央のド」と教わりました。右へ順にレミファソ……、左へシラソファ……と続く。黒鍵盤は半音ですが、しばらく放っておきましょう。

楽譜を見てください。五線譜最上段の「第五線」の上に洋数字がありますね。「1」は右手、左手ともに親指で弾く音です。ほう。

では「5」は？　はい、右手、左手の小指です。

知り合いに諸事情で当該指の大半を失った組員がいます。エルトン・ジョンさんの大ファンで、彼の曲をピアノで弾きたいと願っています。どうすればよいでしょうか。

という問いは胸にしまって練習に専念しました。

「お家にピアノはありますか？」

紙ピアノレッスンを終えた日、教員に問われました。あるわけがございません。今後、自宅での練習が必須のため電子ピアノでもあった方がよい、とのご指導です。

合点承知、すぐさま楽器店に走りました。

種類がたくさんあってよくわかりません。親切な女性店員さんにあれこれ相談し、録音機能付きのものを買い求めました。なんと3万6千円とな。セブンスターが60個買えます。多大な出費です。しばらくたばこと酒を控えねばなりませぬ。外れ続けて幾星霜なれど宝くじは買い続けます。

厄介ごとに挑む際、形から入る悪癖があります。

楽器店からの帰途、本屋さんに立ち寄りました。短大では音楽理論も学びます。しからば楽譜の読み方や記号の意味を入門書で押さえておこう。

「かんたん」、「よくわかる」、「いちばん親切」の文字が表紙に大書された本を数冊買いました。

現実逃避のふらふらはまだ続きます。

さっさと帰宅して電子ピアノで指定曲の練習をせんかい。

本屋さんは新たな発見との出会いの場です。目的の実用書だけ入手して、そそくさと出るのはもったいない。

『音楽の基礎』(岩波新書)が目に止まりました。著者は作曲家の芥川也寸志さんです。ぺらぺらとめくると音符や記号の絵がたくさんあって、索引も付いている。

む？

「表情記号」なるものがあると書いてあります。

「気楽に」、「愛情をもって」、「敬虔《けいけん》に」、「野性的に」……。曲に魂を吹き込む記号が数多あるそうです。子どもに弾いて聴かせる日に備えて読んでおこうっと。出費が増えちまいました。

卒業までの課題は64曲！

2022年4月11日の月曜日、第1限がピアノ授業の初日でした。

2年間で習得しなければならない曲目を記した「進度表」を渡され、くずおれそうになりました。

1年時にバイエルや幼児唱歌計44曲、2年時にマーチや幼児唱歌、バイエルなど計20曲で合格点を取らないと卒業させません、と。

バイエル？

ドイツの強豪サッカーチームがピアノとどんな関係が。いやバッハさんやベートーベンさんを生んだ国ゆえ何かあるに違いない。

現実から目を逸らそうとする胸の内を見透かしたように、担当教員がおっしゃいます。

「子どもたちは先生が上手に楽しくピアノを弾くことが大好きなのです」

「苦手でもこつこつとひたすら練習を」

表情や声色はあくまでも柔和ですが、容赦はしねえよとの冷徹な宣告と受け止めました。

相手を惑わすような言動をして有利な局面に持ち込もうとすることを「三味線を弾く」といいます。楽器に縁深いその技術は前職時代に培《つちか》いましたが、立ちはだかる眼前の難敵には通用しそうにありません。

90分間の授業はあっという間に終わります。わがクラス二十数人の学生を複数の教員が指導します。学生がマンツーマンで指導を受けるのは10分足らずです。順番が来るまで、別室の練習室のピアノで独学です。

1回の授業で2、3曲をクリアしなければなりません。当方には無理な注文です。

バイエル49番は、1小節に長さの異なる音符が五つも六つも並んでいます。左手の小節には「分散和音」なる音符が三つあります。

「はい、どうぞ」

教員の合図に促されて弾き始めるも数秒で行き詰まります。演奏のお手本を示してくださいますが、だめです。楽譜の音符が小さくて、老眼にはつらい。数回挑んだところで「では次回に。いい音は出ていますよ」。この繰り返しでした。

当方、お友達ができる

入学からひと月ほど経ちました。学生からの接触がにわかに増えてきました。野獣の姿を見慣れてきたゆえでしょう。少なくとも危害を加えられるおそれはなさそうと判断なさったか。

学内のスポーツ大会会場で、上級生たる2年の女子学生グループから「一緒に写真を撮ってください」と求められました。む、野獣諸法度の「目立つな」に違背《いはい》せぬか。いや、珍獣に関心を抱くのはごく自然なこと、ありがたいお申し出を受けました。その写真を当方に送っていただく段になり、「LINE不使用」が仇《あだ》となって手間取りました。解決策を話し合う過程で「個人情報のセキュリティー管理には十分にご留意くださいね」と伝えることができたので、よしとします。

ある日の授業終了後、別クラスの1年生女子学生複数から「お友達になってください」と頼まれました。諸法度の「女子学生には超絶丁寧対応」発動です。直立不動の姿勢で「はい、こちらこそよろしくお願いします」と応じ、学生たちのお名前をノートに記し、姓に「さん」を付けて姓名を確認・復唱いたしました。

お友達として何をして差し上げればよいのか。

詳しく問いたかったのですが次の授業が迫っていたのでまたの機会に。それまでご機嫌よう。

当方の目を澄んだ瞳で真っ直ぐに見据え、はきはきと要望を伝える女子学生の物怖じしない姿に感銘を受けました。何かを吸収しようとする意欲のたぎりすら感じました。

一連のやり取りをそばで見聞きしていた男子学生が言いました。

「緒方さん、女子の間で『かわいい』と言われているようですよ」

諸法度「男子には厳しく」発動！

だからなんじゃい。噂話を軽々しく口にするんじゃねえ。

事実だとしてもそんなことで舞い上がるほど、こちとらやわじゃねえぞ。

この学生は友達を早く、たくさん作りたいそうです。それは当然です。だからといって嫌がる相手に無理強いするな、相手の気持ちを考える癖をつけろ。あらましそんなことを意図的に伝法《でんぽう》な口調で伝えました。諸法度遵守は楽ではありません。

「ゴーギャンのようです」

授業をよく理解するため、予習と復習を欠かしませんでした。

授業の進め方や各回の授業内容を記したシラバスに「教科書の○○ページまで読んで要点をまとめておく」との指示あれば、その通りにしました。

「前回授業の疑問点を調べておく」とあらば、文献や法律、官公庁の統計、新聞記事に当たって調べ上げ、レポートにまとめました。

参考文献として教科書以外の書物を薦められていれば、迷わず買いました。膨大な用語を簡潔に説明した辞典の値段はセブンスター5個分です。世間で袋叩きに遭っている嗜好品なんざ我慢すればよろしい。それで知識涵養ができるのならば安いものです。ご参考までに2024年11月現在のセブンスターの単価は600円です。吸い始めた数十年前は150円でした。

授業でのあれこれはすべて愛用のノートに書き込み、これを「講義録」と名付けました。その場で見たこと聞いたこと感じたことを余さず記録する。これも記者時代の鉄則です。

1冊目の「講義録」には、各科目の初回授業の様子を書いています。

たとえば2022年4月13日の第3限は「子どもの図画工作Ⅰ」でした。担当は小学校などで長く教鞭《きょうべん》を執った男性教員です。

「子どもの　創り出す喜び、見つめる楽しさ　↑培うのがわしらの役割」とあります。前段は教員の言葉、後段は当方の解釈です。

「子どもたちを励ます言葉をたくさん紡ごう」とも仰せです。そうそう、この教員は学生の絵画や工作を徹底してほめるのです。

絵具を勝手気ままに塗りたくった当方の絵画もどきも「情熱がほとばしっていますね。ゴーギャンのようです」と絶賛してくださる。


幼稚園児のころに通っていた絵画塾を思い起こしました。先生の指示は一切なく、そこにある絵具や粘土など何を使っても、何を作っても、はたまた何もしなくてもOK。当方は庭のケージ内で飼われていたカラスと遊ぶのが好きでした。奥様が焼いてくださるクッキーがおいしくて、貪り食っておりました。絵具やクッキーのにおいがいつも漂う塾が大好きでした。

気まぐれに描いた剣道の絵を「気合いがにじみ出ている。いいなあ」とにこにこしながらほめてくれました。以来、おだてられりゃするすると木に登るようになりました。

何事かに挑んでやり遂げることは子どもにとってきっと大切です。その意欲をかき立てる秘訣を、塾の先生と図画工作の教員に教わりました。

10代とのコミュニケーション

短大生になって数か月が過ぎる頃には、40歳以上も若い同級生との学生生活にも少しずつ慣れてきました。

当方はひたすら「野獣諸法度」（別名：5か条の誓文）の遵守にこれ努め、ほかの学生のキャンパスライフを邪魔せぬよう日々を過ごしておりました。

肝心なのは学生のみなさんが当方の存在を疎ましく思っておられぬか、です。気がかりでしたが直接聞くわけにもまいりません。

「幼児体育」という授業があります。リズムと運動で子どもの心身の成長を促す術を学びます。

ある日、「はないちもんめ」に取り組みました。2グループに分かれ、わらべ歌を歌いながら仲間にほしい人を取り合う遊びです。

野獣諸法度「女子学生対処心得」発動！

隣り合わせた女子学生に対し、事前に手をつなぐことへの許可を得て臨みました。相手チームが当方側の誰かを指名する段になり、声を揃えて「緒方さんがほしい」とおっしゃる。

社交辞令と知りつつも、いや、もうその優しいお気遣いと忖度で胸がいっぱいです。

当方の前職のことは、日々の授業で少しずつご理解いただいたように思います。複数の授業で、当方に気を遣う教員が保育や幼児教育について「では新聞記者の経験に基《もと》づいて話してください」とおっしゃり、調子に乗ってべらべらと語っていたものですから。

学級新聞の編集長になる

数人のグループに分かれて話し合い、意見をまとめて発表する授業でのことです。テーマによっては気乗りしない様子の学生もいます。はい、とてもよくわかります。

「考えていることを適切な言葉に変換して表明することは、社会に出てからきっと役立ちますよ」

そんな思いを秘めながら「拙者はこう思うのですが、○○さんのお知恵を拝借したいのであります」と促します。すると、ほぼ例外なくご自身の体験に根差した意見をわかりやすくおっしゃる。

当方が考えつかなかったような見方を示す学生もいて、感服したものです。

クラスで壁新聞をつくることになりました。担任教員からこっそりと「編集長をお願いします」と頼まれました。

ええ、ええ何でもやりますとも。

テーマは「保育学科の学生としていま気になること」に決まりました。それぞれが短冊に書いて、2メートル四方の紙に貼り付けることにしました。

ここでも大きな発見がありました。みなさん、社会の現実をしっかりと見つめ、情報収集のアンテナを高く掲げているのです。

学校でのいじめや国内外の児童虐待について紹介する学生がいます。若者の新聞離れが指摘されて久しいですが、わが同級生たちには無縁の話です。

これらの問題を紙やデジタルの新聞で調べ、出典を明らかにしたうえで感想も付していました。

おむつの自動販売機があることを壁新聞で教えてくれたのも同級生です。出かけた先でたまさか見つけ、その便利さを報告してくれました。当方も後日、ある「道の駅」に設置されているのをしかと確認いたしました。ありがとうございました。


文字ばかりの壁新聞では潤いに欠けます。イラストが得意な複数の同級生が「残業」を志願して、ひよこや風船の絵を添えてくれました。

題字「一の一新聞」の背景の紋様（地紋）を描いたのも同級生です。細かい直線や曲線を組み合わせた見事な出来です。紙の新聞に普段から親しんでいる証しでしょう。嬉しくなりました。

主見出し文案をお願いした同級生は「七転八倒」と大書してくださいました。素晴らしいセンスです、べりいないす。

古巣をはじめ新聞各社は読者離れ対策に躍起です。でも決め手がなく、事態は悪化の一途です。

新聞を教育に活用する「ＮＩＥ」という活動に新聞業界は取り組んできたはずです。わが同級生のように新聞を見放さず、頼りにする若い衆は確実にいます。もっとうまいやりようがありそうです。

「5領域」と子どもの可能性

保育や幼児教育の現場で、子どもの資質や能力を伸ばしたい分野を国は「5領域」と定めています。健康、人間関係、環境、言葉、表現です。

ある授業で、5領域を活用した研究発表が求められました。

学び始めたばかりの1年生には酷な課題です。実態をろくに知らない役人がこねくり回した解説書類は、さっぱり要領を得ません。

でも、やるしかねえ。

同級生たちは記事を調べたり、子どもたちと触れ合った経験を分析したり、仲間と一緒に同じテーマを掘り下げたりして発表しました。海外の文献にあたった学生もいます。

担当教員から発表会の司会・進行役を仰せつかった当方は発表が終わる都度、優れた点を挙げて称揚しました。

当方自身の発表は「環境」に着目しました。子どもにとって周囲のものはすべて環境、もちろん人間も然り。短大に入学後、生まれも育ちも年齢もまったく異なる同級生という「環境」から学んだことに言及しました。

クラスメート1人ずつお名前を挙げて「毎朝にこやかに挨拶してくださる。おかげで二日酔いが吹き飛びます」、「人知れず掃除に励む姿の美しさに感服」、「不器用にいつも折り紙を優しく教えていただき痛み入ります」などと述べました。

終えるまでに30分以上要しました。教員は渋面でしたが構うこたあねえ、司会者の特権です。

「お相手のことを大事にせえよ」

ある日の昼休み、隣のクラスの男子学生が嬉しそうに弁当を食べていました。こんがり焼いたハンバーグと豚肉の生姜焼きにトマトも添えられています。おっと玉子サンドもついているじゃねえか。高校時代、サッカーに明け暮れた青年には、これでも足りないかもしれません。

「おう、うまそうだな。いつものように母上に作ってもらったんか」

聞けば交際を始めて間もない同級生の女子学生の手作り、と照れながら答えました。

野獣諸法度「男子学生対処心得」発動！

うらやましいじゃねえか、この野郎。

「よっしゃ、君たちの微笑ましい恋慕の情を全世界に伝えようじゃないの」。弁当の写真を撮ってX（旧ツイッター）に投稿しました。

以来、男子学生からお付き合いをめぐるあれこれ（詳細秘匿）について相談されることが増えました。細かい助言の後、決まって「お相手のことをとにかく大事にせえよ」と伝えました。

犬に見えないのですが——裁縫に苦戦

同級生ばかりではありません。短大では、教員もまた様々に個性的です。ここ東筑紫短大を卒業した教員も少なからずいます。保育所に学生が出向いて子どもと関わる「実習」を指導する女性教員もその1人でした。保育所での長い勤務経験をお持ちです。

授業に臨む学生の髪型や服装、爪の長さ、態度に不備があると厳しく指導なさいます。当然のことです。当方は髪型をはじめ外面にさほど問題はなく、ひたすら授業でおっしゃることの吸収に努めておりました。

実習中、学生は常に名札を装着しなければなりません。名札は裁縫で手作りするよう指示され、これも成績評価の対象となります。

指の腹に無数の針による傷をこさえながら作った当方の名札は、犬を象《かたど》ったつもりでした。しかしながら犬には見えません。

教員は「何に見えますか、と子どもに問えばよろしいのでは。話が弾みますよ」と助言してくださった。後に実習先でその通りに。感謝申し上げます。名札作りでは家人から多大な支援をいただいたことを小さな声で申し添えます。

この教員は2022年4月19日未明、北九州市内であった大火事で、炊き出しをしていたことを後に知りました。教えてくれたのは2年生の先輩女子学生です。

名札作りに四苦八苦の当方を見かねて手を貸していただいた折、「とっても好きな先生でね」と話してくれました。

ご本人に確かめると「現場に少し縁があったものですから。早起きしておにぎりをたくさん作って持参しただけです」と淡々とおっしゃる。気高い行いに胸打たれました。

生徒に質問を禁じるとはいかに

むむ、それでよろしいのか。

いささか言動に疑問を抱かざるを得ない教員もいました。

ある科目の男性教員が授業終了後、当方に対し「質問するのをやめていただけませんか」とおっしゃる。

へ、聞き間違いか。

耳を疑いました。

真意を問う当方に、その教員は「ほかの学生は授業に興味がないのです。居眠りしている者も多いし。興味があるのは緒方さんだけです」と。

おいおい、あなたはいやしくも教員ですよね。決して安くはない授業料を支払って勉強している学生に、その言い草は失礼ではないか。興味を持たせるように教え、導くのが教員たる者の務めじゃねえのかい。その要請は却下じゃ。

そんな趣旨のことを決して礼を失することなく、冷静に穏当な言葉づかいで申し上げました。

伏線はありました。この授業は教科書の一部をパソコン打ちしたものをパワーポイントに掲げ、それをひたすらノートに書かせるやり方です。途中、解説めいたことをおっしゃるが聞き取りにくい。わからないことがたくさん出てくるので、挙手をしては盛んに質問していました。

「その説を提唱した学者さんの経歴や研究内容を教えてください」

いちどで理解できない場合は再び質問します。当然でしょう。子どもへの理解を深める科目なのですから。

即答できない問いには「調べて次回に」と約束なさる。それはありがたい。翌週に回答を得ました。興味深い内容なので、回答の根拠にした出典を聞きました。「〇〇〇知恵袋です」とさらっとおっしゃる。怒りを通り越して呆れ果てました。そりゃ確かにネット上の有用なサービスでしょうが、教員が1週間かけて調べるソースとしていかがなものでしょうか。出典がわかれば自分で直接その文献なり資料にあたり、さらに深く学べるのに。

「質問禁止」要請は、然るべき手段を講じて撤回していただきました。学生の学ぶ意欲と機会を殺ぐ御仁とは、どなたであろうと冷静に議論をいたしますぞ。

童謡「蛙の夜まわり」にぐっとくる

現場で保育、教育に長く携わった教員のみなさまによる熱いご指導が連日続きます。

あるときは、当方より年長の女性教員がいきなり、両手を左右に振りながら「ガッコ ゲコ ピョン」と歌い、踊り始めました。

かの野口雨情さん作詞、中山晋平さん作曲の童謡「蛙の夜まわり」とのこと、初めて知りました。手遊び歌の定番だそうです。

「はい、歌って」と促されるも、当方を含め知らない学生はついてゆけません。

「あなたたちが楽しそうにやらないと子どもは楽しくないよっ」

追い打ちをかけられ、教員の動きを真似ながら全員カエルになって「ガッコ ゲコ ピョン」。


「朝まで夜通し　寝ないで夜まわり」

3番の歌詞にぐっときました。

新聞記者時代に繰り返した取材活動「夜回り」ではありませぬか。

事件の真相を探るため、捜査員や事件当事者から話を聞き出そうと夜に関係先を訪ねます。接触できず、朝まで待機したことも数知れません。ご近所の方に不審者とみなされ、110番通報されたこともあります。

ああ、カエルが思いを代弁してくれている。

すっかり気に入り、わがものといたしました。

夜回りの強い味方はカエルだけではありません。深谷かほるさんの人気漫画『夜廻り猫』も然りです。涙のにおいを察知する能力に長けた猫のご一統が、夜の街で人知れず悲しみ、嘆く人々を癒す物語です。X上で光栄にも時折やり取りをさせていただく深谷さんとご一統が、当方の短大生活にエールを送ってくださいました。

幼児にとっての「遊び」の定義

保育・幼児教育の世界で「遊び」は特別な意味を持ちます。

どの授業でもバイブルのように扱われる「幼稚園教育要領」と「保育所保育指針」

で、こんな風に説明しています。

「幼児の自発的な活動としての遊びは、心身の調和のとれた発達の基礎を培う重要な学習であることを考慮して、遊びを通しての指導を中心として」（幼稚園教育要領）

「乳幼児期にふさわしい体験が得られるように、生活や遊びを通して総合的に保育する」（保育所保育指針）

幼稚園教育要領は文部科学省、保育所保育指針は厚生労働省がつくりました。失礼ながら一読しただけではさっぱりわかりません。

それぞれ膨大かつ詳細な説明がなされているのですが、すんなり頭に入ってきません。

当方なりに解釈して要約すれば

- 遊びは心身の発達を促す活動の原点
- 大人が一方的に与えてはだめ

●子どもが興味・関心を持って自発的に遊びを楽しめる環境を考えてね

といったところでしょうか。

保育士の武器は遊びのレパートリー

当方の子ども時分はどうだったか。

公立の幼稚園に1年間だけ通いました。担任の女性教諭は「あれしちゃだめ」、「これに触っちゃだめ」と細かいことはほとんどおっしゃらず、自由奔放に遊ばせてくれました。ありがとうございました。

園庭のブランコは、支柱から2本の鎖で吊り下げられた横木に座り、前後に揺り動かすのが正統な遊び方です。

それではつまらない。横木が支柱を超える高さに至るまで勢いをつけて漕ぎ、頃合いを見て両手を鎖からぱっと放し、前に飛び出すのです。人間ロケットです。着地点までの距離を競い合います。

着地に失敗してつんのめったり、横倒しになったりして、しょっちゅう顔や足にけがをしました。痛さより、悔しさがつのります。

体操の名選手、チャスラフスカさんのような優美な着地がなぜできなかったのか。飛び出す角度や手を放すタイミングを変えて何度も挑みました。

教諭は園舎から笑顔で見守ってくれていました。今なら「危ないからやめなさい」と即座に制止するでしょう。

室内で絵本を読んでもらったり、折り紙を教えてもらったりした記憶がありません。外で自由気ままに遊んでばかりいました。


園の裏手にあった高さ約3メートルの小山も絶好の遊び場です。遊具はありません。よーい、どん。

誰がいちばん早く頂上に達するかを競います。

登る途上でライバルの体を引っ張ったり、蹴落とそうとしたりする乱暴者も現れます。「やめんかい」と注意し、やめさせるのは子どもでした。

上手に登れずにべそをかく子どもに、上から縄跳びを投げて寄越し、「これにつかまんな」と支援の手を差し延べる子どももいました。

担任教諭は、やはり見守るだけです。

あなたたちで遊び方やルールを決めなさい。

そう考えておられたように思います。

今は違います。「大人の干渉は控えめに」としながら、たくさんの遊びを習得するよう学生は指導されます。

手遊びや絵本読み聞かせ、折り紙、お遊戯、人形劇などのレパートリーをとにかく増やせ。

先に述べたとおり、保育や幼児教育で伸ばしたい項目を国は「5領域」と定めています。健康、人間関係、環境、言葉、表現です。それぞれにとって遊びが重要で、自由に子どもを遊ばせるにしても保育者は誘導や導入の手段として遊びネタを持っておきましょう、と。

はい、わかりました。

未知の分野のスキル習得に異論はありません。

よろしくお願いします。

「犬のおまわりさん」で啓蒙活動

「軍手で人形を作りましょう」

授業でそんな難題が出されました。遊びネタを増やすねらいがあります。

作業用手袋の軍手なら束単位で常備しています。穴掘りや木の伐採、危険物運搬の折には欠かせません。が、これを使ってお子を喜ばせるには？

童謡「犬のおまわりさん」（作詞佐藤義美さん、作曲大中恩さん）の人形を作ることに決めました。

右手を犬のおまわりさん、左手を迷子の子猫ちゃんとし、歌いながら警察官活動の一端を子どもに伝えることにしたのです。前職で警察と接する時間が長かったがゆえの悲しい性とお笑いください。

馴染みの手芸用品店で助言をもらい、武骨な軍手に彩を施すため、フェルトや毛糸を買い込みます。奨められた球体の発泡スチロールは2匹の顔にぴったりです。

拳銃とその吊り紐に、手錠、警棒も作りました。
神は細部に宿ります。

みなさんの前で発表しました。歌は刑事ドラマでおなじみ渡哲也さんを意識したせいか若干哀愁が漂いましたが、おおむね好評でした。よっしゃ、これも持ちネタにしよう。

もじもじしない、
恥ずかしがらない、
大きな声で、楽しく。

「遊び」を演じる際の要諦《ようてい》です。教員のみなさまから叩き込まれました。そうだ、おいらはきょうからムーミンになろう。

勢いがついてきました。
何でもござれ。

第四章 事件記者遊戯

女子更衣室での死闘

夏が迫ったある日のことです。授業と授業の合間の時間に、ある女子学生から「緒方さん、虫に触《さわ》れますか」と問われました。切迫した表情です。

「もちろん。いかがなさいましたか」

聞けば女子更衣室にゴキブリがいて困っているので何とかしてほしい、との要請でした。

お安い御用です。

でも女子更衣室に入ることの難度の方がはるかに高い。

「63歳の短大生男、女子更衣室に侵入」の記事見出しが目に浮かびます。危難を救いたいのはやまやまなれど、と躊躇《ちゅうちょ》していると「大丈夫です。私がほかの子たちに伝えますから」と仰せです。

先導され禁断の園に足を踏み入れました。

生まれて初めてです。

体長6センチほどのそやつがロッカー周辺を這い回っています。

ロッカーから次の授業の教科書を取り出せずにいる学生たちを救わねばなりません。手近な武器が見当たりません。やむなく軽く踏み付け、敵の戦意を喪失させます。するとと女子学生が手際よくティッシュペーパーの束を差し出します。これにくるんで始末せよ、とのご指示のようです。

さすが保育の道を目指す学生、緊急時に1人で対応できない場合は周囲の誰かに援助を求める心構えができています。

当方は、常時ズボンのポケットに所携のポリ袋に敵を収め、任務を完遂しました。依頼時とはうって変わった晴れやかな笑顔の女子学生に見送られ、女子更衣室を後にしました。ドアの外に事情不案内の女子学生がいないことを切に願いながら。ひやひや。

学友、家人、頼れる味方

かようにして、学業の日々は続きました。予想と違わず、当方にとっていちばんの難敵はピアノでした。1年前期はクリアするべき曲数に達せず、その時点で「不可」すなわち落第が決まりました。

大きな衝撃を受けました。早くも野獣諸法度の一角が崩れたのです。誰のせいでもありゃしません。みんな当方が悪いのです。

「不可」になると、再試験を受けなければなりません。受験料2千円を支払い、バイエル78番に挑みました。何とかぎりぎりの「可」で合格しました。喫茶店のコーヒーを3日間控えました。

「ぷらくてぃす　めいくす　ぱーふぇくと」

野獣諸法度に番外編を急遽加えます。


ピアノを習った経験のある家人の協力を仰ごう。

同級生の多くが「3歳からピアノをやっています」、「ピアノは得意です」とおっしゃっていた。恥を忍んで教えを請おう。1年次の後期に向け、本日ただいまより、そうすることに決めました。

短大生の夏休み

短大生として迎える初めての夏です。当方は変わらず黒のスーツにネクタイ姿で通っています。すれ違う教員のみなさまから「暑くないですか」とよく聞かれます。

「戦闘服ですから。心頭を滅却《めっきゃく》すれば火もまた涼し、であります」

きっぱりと一度そう答えると、もう引き返せません。とてつもない猛暑の日は激しく悔やみました。前期の試験を終えれば夏休みです。

「ディズニーランドに行くんだ」

「USJのチケット買ったよ」

同級生のみなさまが楽しい計画を練っておられます。社会人になったら、まとまったお休みを取るのは難しくなります。学生でいる間に存分に楽しんでくださいね。

「魅惑のスポットを教えてください」

関西へ遊びに行くという同級生に問われました。当方は若いころにしばらく、関西に草鞋《わらじ》を脱いでおりました。

ようございますとも。

まずは京都です。京都駅近くにそびえ立つ京都タワーへぜひ。ホームページによると初の東京五輪が開催された1964年に完成しました。高さは131メートルです。大学生時代、ここでエレベーターボーイのアルバイトをしておりました。チョッキに蝶ネクタイ姿で「本日は京都タワーにご来塔くださいまして、まことにありがとうございます」、「上に参ります。次は○階、催し物会場です」と案内していました。

当時、夏場はビアガーデンも営業していてウエイターもやりました。今も営業していたらお立ち寄りください。京都の夜景を眺めながらのジョッキでぐい、たまりませんぜ。

あ、みなさんは20歳未満ですよね、飲んではいけません。

大阪なら鶴橋がおすすめです。ＵＳＪで遊び疲れてさぞ空腹でしょう。ＪＲ鶴橋駅に降り立つとすぐ、おいしいにおいに包まれます。焼肉、ホルモン、トッポギ、チヂミ、キムチ、チーズタッカルビとなんでもあります。チャミスルとマッコリがよく合います。

いかんいかん、お酒は20歳を過ぎてから。

ほかに魅力あふれるどろどろのディープな場所も知っていますが、お嬢さんたちにはふさわしくないので控えます。

どうぞ道中、お気をつけなすって。

困りごと発生の折にはご一報ください。

虫捕り名人、上着を脱ぐ

当方にとって夏といえば昆虫採集です。

子どもに自然の面白さ、生命の神秘を伝えるのに虫ほどふさわしい題材はございません。

短大キャンパスの中庭は緑が豊かです。芝生のそこかしこでバッタが跳ね、桜やスモモの木にはセミがぎょうさんとまって大合唱です。

虫捕り名人の血が騒ぎます。比類なき捕獲の腕を発揮して、近くの幼稚園児に「ほれ」と進呈、語り合えば喜んでくれるにちげえねえ。

スーツの上着を脱ぎ、ワイシャツの腕をまくり上げて獲物を探します。

ジャンプすれば届く高さの木の幹に、セミがとまりました。よっしゃ。ズボンのポケットにいつも忍ばせているポリ袋を1枚、そおっと取り出します。

ポリ袋の常時携帯は新聞記者時代からの習慣です。事件現場で銃弾やナイフ、吸い殻などを見つけたら、これに収めるのです。自分の指紋が付着しないようブツは袋越しにつかまなければなりません。

もちろん道端や電車内に落ちているごみも拾って入れます。

用途は収納に限りません。暑さで体調を崩した人あらば、袋に冷たい飲料缶を入れて額や首筋に当てて進ぜます。手近に遊び道具がないときは、空気を吹き込んで膨らませます。口を結べば風船に早変わりです。なにかと重宝な道具です。

セミ、確保成功!


セミとの対決が迫りました。

セミは五つの目を持っています。三つの単眼と二つの複眼です。気取られてはなりませぬ。気配を消して距離を縮め、居合抜き並みの速さでポリ袋をセミにかぶせました。

よし、確保成功。

うーん、次はもう少しでかいのがほしい。

見上げると、太陽が容赦のない暴力的な光を浴びせかけてきます。サングラスをかけたいところですが、周囲の目を憚《はばか》って自粛します。

「何やってんだろう、あのおっさん」

そんな思いが込められているであろう学生のみなさんの視線もひりひり痛いです。

アブラゼミ発見！

あ、逃げられました。炎暑で集中力が鈍っています。失敗を繰り返していたら、園庭近くにある就職指導課の女性職員が「よろしければ、これをどうぞ」と捕虫網を手に歩み寄って来ました。

室内から惨状をご覧になっていて見るに見かね、救いの手を差し延べてくださったのでしょう。

ありがたい。鬼に金棒だ。お借りします。

立て続けに網で3匹捕獲し、意気揚々と教室に向かいます。

ポリ袋の中のセミたちが喧《やかま》しく鳴いています。チキショウと聞こえます。長渕剛さんの名曲のように。

安心めされよ、はかない一生は先刻承知、ちょっとだけお時間を拝借したらすぐに解放します。

お見せした学生の反応は様々です。

「きゃあ、虫は苦手なんです」と逃げる人がいれば「触っていいですか?」と興味を示す人がいます。

そう、ひとりひとり受け止め方が違うんです。

特性を理解したうえでの対応が、きっと保育や幼児教育でも必要です。

廊下で、当方に「授業中に質問しないで」と求め、ひと悶着あった男性教員と出くわしました。和解の好機です。

「セミ、差し上げます」と目の前に差し出すと「うわ」と小さく叫んで後退りしました。見ていた同級生に「そういうこと、するもんじゃありません」とたしなめられてしまいました。

はい、反省します。

短大生の推し活と、記者の調査力

アイドルに胸をときめかせる同級生もたくさんいらっしゃいました。夏休み中のコンサート情報をはじめメンバーの動静も大きな関心事のようです。
ある日、同級生の女子学生から相談を受けました。好きなグループからメンバー離脱が相次いでいる。背景と今後の見通しを探ってほしい、と。
当方の前職の仕事内容を踏まえてのご依頼と拝察します。確かに芸能界と裏社会との危うい関係を取材したことがあります。今もそれぞれに人脈があります。

合点承知、調べてみます。

後日、取材内容をレポートにまとめてお渡ししました。いえ、お礼を言われるほどの出来ではありません。なんとお父上にもお見せになった、とな。ああ、当方よりはきっとお若いお父上がどう思われたか。

前職時代のコネクションで、学生のみなさまが「推す」グループの出版物が時折送られてきます。当方はあまり関心がないので、みなさまに差し上げていました。

中途半端にアイドル事情に詳しくなってきたのが失敗の原因でした。

「違いますよ、ストーンズと読むのです」

人気グループ「SixTONES」を当方が「しっくす　とーんず」と呼んだときのことです。このグループが大好きな女子学生に笑顔で、しかしきっちりと指摘されました。

すみません。

知ったかぶりはどんな局面でも禁物です。

当方が45年ぶりに学生として迎えた夏は過ぎていきました。

学生たちは夏休みが明けて戻って来ると「お土産です」とお菓子をくださいます。てんで参考にならない観光案内だったのにかたじけない。心優しい同級生のお心遣いがうれしゅうございます。

布1枚で笑ってくれるかもしれない

後期も理論と実践で様々なことを学びました。座学ではみなさまより数十年長く積んだ経験が生きることもありました。しかし、ピアノや折り紙、手遊びをはじめとした実技ではいつも助けていただきました。

不器用ながらも徐々に、子どもを喜ばせる遊びネタのレパートリーも増えていきました。簡単にできることは普段から貪欲に取り入れることにしました。

「オーガンジー」をご存知でしょうか。

薄くて透き通った平織の布地のことです。たいそう軽くて光沢があり、ウエディングドレスやコサージュに使われるそうです。

当方は短大で教わるまで知りませんでした。名称を聞いたとき、インド独立の父を称えるシュプレヒコールかと思いました。マハトマ・ガンジーさんの唱えた「非武装」、「不服従」は子どもの命を守るうえで大切なことですから。

幼稚園勤務の長かった女性教員が、ある授業で「子どもが喜びます」と実演してくださいました。20センチ四方の黄色いオーガンジーを手のひらの中で丸めます。

「あれ、何が隠れているのかな？」

何度か問い掛けた後、そっと開くと布地がもこもこっと広がり、膨らみます。

「ひよこさんだ。ぴよぴよぴよ」

昭和の名漫才コンビ、獅子てんやさんと瀬戸わんやさんの人気ネタにもひよこを題材にした「ぴっ　ぴっ　ぴよこちゃんじゃ……」がありました。

5歳前後だった当方は大好きでした。両手を腰に当ててひよこになりきり、へこへこ歩きながらこれを歌ったものです。

よし、いいもんみっけ。

オーガンジーを「乳幼児喜ばせ小道具」に加えよう。

求めて飛び込んだ手芸用品店で、店員さんから「何にお使いですか」と問われました。包み隠さずに申し上げ、ふわふわつるつるの生地を裁ち切っていただきました。

外出の折は必ず持ち歩いています。くしゃくしゃに丸めればズボンのポケットに収まります。

用途はひよこ遊びにとどまりません。いったんかぶって顔を隠し、しばし間を置いてすっと取り去る「いないいないばあ」もできます。好きに触れさせることで、つかんだり、握ったり、引っ張ったりする力を養えるかも知れません。

そうそう、口に入れることを想定して、まめに洗濯することを忘れてはなりませぬ。

己のなかのおっさんと幼児

保育士になるには、不断の創意工夫と実践が求められます。トライ・アンド・エラーを繰り返しながら課題をやり遂げる達成感は、子どもだけでなく、大人も知らなくてはならないでしょう。

あるとき「パネルシアター」を作る課題がありました。布を被せた板に、絵を描いて切り取った布を貼ったり外したりして物語を展開する人形劇です。これも知りませんでした。

材料は本屋さんに揃っていました。便利な時代です。セブンスター3箱（1800円）を我慢すれば何とかなります。

お話はみなさんご存知の「浦島太郎」にしました。登場人物を原色マーカーで描いて切り抜き、進め方を練りました。

そうだ、玉手箱も用意しよう。開けてびっくり、太郎を一気に老化させる煙＝ひげも要る。待てよ、太郎に扮するおいらは漁師だから釣り竿に魚籠《びく》が必要だ。腰蓑《こしみの》もほしいな。あれこれ作っていたら、朝になっていました。

短大への道中、小道具がバッグからはみ出していました。職務質問されないかひやひやでした。

「子どもに参加させたら喜ぶかも」

発表の場では急に思いついて数人の同級生に、カメをいじめる悪ガキ役をお願いしました。おもちゃの日本刀とバットを渡しました。楽しそうに演じてくださいました。

まだまだ試練は続きます。

今度は「ペープサート」とな。

へ？　新手の蚊取り線香ですか。

さに非ず、「ペーパー・パペット・シアター」の略で、紙人形による寸劇だそうです。初耳です。子どもの遊びの世界の奥深さよ。

歌って楽しめて役に立つ。うーん、どうしようか。

思案の末、数え歌「いっぽんでもニンジン」（作詞前田利博さん、作曲佐瀬寿一さん）にしました。なぎら健壱さんが歌っています。伝説の名曲「悲惨な戦い」で知られるシンガーソングライターです。

画用紙にニンジンやサンダルの絵を描いて切り抜き、別の紙に数字を書き込みます。2枚の間に割りばしを挟んで貼り合わせる。

この頃になると、自分のなかに還暦過ぎのおっさんと幼児が同居しているような感覚に陥っていました。

作業を進めるおっさんに、幼児が「そんなんじゃ物足りねえよ。おいらをもっと楽しませてみろや」と注文を付けるのです。

「ふむ、替え歌の歌詞を考えてもらうと言葉への興味が増すな」

おっさんに新たなアイデアが浮かびます。

提示した数字に1を加えた数字で始まる物事を子どもに探してもらおう。

たとえば1人でも忍者。2匹でもサンマ、4枚でも五線紙、5丁でもロケットランチャー、9丁でもトカレフ、10機でも零戦……。

発表の場では、心優しき同級生や教員が、不出来であっても笑顔で反応してくださる。おかげでお調子者は羞恥心など忘れ、身中の幼児とともに「遊び」に夢中になれる気がします。

冷笑でも失笑でも苦笑でも嘲笑でもかまやしません。

「笑われて、笑われて、つよくなる」

太宰治さんも『HUMAN LOST』でそうおっしゃっています。

助太刀いたす――子が街で泣いていたら

とはいえ、肝心の子どもは当方をどう見ているのでしょうか。思い違いだとみっともないのですが、ぼんやりながらも好感を持ってくれるようです。

街中で信号待ちをしていて、前に立つ母親に抱っこされた赤ちゃんと目が合うことがよくあります。じっと見つめられると、よせばいいのに応えたくなります。鼻を指で押し上げ、口を横に大きく広げ、吉川晃司さん似とたまに言われる目をかっと見開くと笑ってくれる。調子に乗って舌を出し、ぐるぐる回すときゃっきゃと声を上げます。

その段になると母親が異変に気づいて振り返ります。風体怪しき男が妙な仕草をしているのを認め、怪訝そうなお顔です。そりゃそうです。

でもわが子のはしゃぐ様子を見て、安心なさったように笑顔で会釈をしてくれます。

ああ、よかった。

同じようなことを混み合う地下鉄の車内でも、ついやってしまいます。抱っこ紐にくるまれた赤ちゃんが、小さな肩を震わせて泣きじゃくっている。

腹減ってんのかなあ。熱がなきゃいいけどなあ。

吊り革につかまって見ていました。

泣き声はどんどん大きくなります。母親は申しわけなさそうな表情でわが子をあやしています。

及ばずながら、助太刀いたす。

おかあさま、赤ちゃん、あなたたちは何にも悪くありません。

まずは仕事道具の入ったバッグを床に置き、空いた両手でおのれの顔を覆います。

赤ちゃんがこちらに注目したことを確かめて両手をぱっと離し、「ばあ」と音量控えめに告げます。ご明察の「いないいないばあ」です。

かつて出張した米国でも中国でも、現地のお子たちに大好評でした。万国のご機嫌斜めキッズに通用すること請け合いますぜ。ぜひお試しください。

泣き止んでくれたらこっちのもんです。例の鼻突き上げ、舌の360度回転を繰り出せば天使の顔に笑みが広がります。あら不思議、周囲の人たちの表情まで柔らかくなっています。

身内は「特殊な才能や技術のなせる業に非ず。同年代の仲間と見られているからに過ぎない。図に乗らぬが賢明」と分析&忠告します。

当方をお友だちと思ってくれているのか。

今度、赤ちゃんに聞いてみます。

まさかの負傷と松葉杖

スポーツの秋、体育の授業中、学生生活の存続を危うくする下手を打ってしまいました。

当方は大学時代に体育の単位を修得していたので出席は不要でした。しかし、週に

1回は飛び跳ねないと体がなまっちまいます。ある懸案から女子学生を守る役目も自らに課し、欠かさず出ることにしました。

幼稚園児の時分から剣道や柔道、野球をやってまいりました。新聞記者時代は会社の野球部監督兼主戦投手を務め、50歳代半ばまでグラウンドを駆け回っていました。

運動にはいささか自信がござる。

はるか年下の若い衆に負けてはいられません。でも中学や高校でバレーボールやバドミントンに本腰入れて取り組んだ同級生にはかないません。バレーボール元日本代表選手と同姓同名の女子学生もいらっしゃる。男子に交じってサッカー部で活躍した女子学生もいます。

鬼ごっこの激走に屈して床にへたり込み、負け犬のように舌を出してぜいぜい喘いでいました。すると同級生が顔を覗き込んで「大丈夫ですか」と心配してくださる。「腰が悪いのだから無理はなさらぬように」と常にブレーキをかけてくださる学生もたくさんいました。

せめてものお返しです。バレーボールのコートを設える際、重さ20キロ前後の支柱の運搬はお任せあれ。肩にひょいと担ぎ、バランス保って運ぶ術は学生時代のアルバイトで習得しております。

試合中にミスした人には「どんまいどんまい」、新聞社時代のように「くぉら」と叱責など決していたしません。運動が不得手な学生には「失敗したって構いません。なんぼでもフォローします」と穏やかにプレー参加を促しました。

その日は体力測定でした。本番前の簡易チェックで体内年齢41歳との結果を得ました。当時63歳、なんと22歳も若いのか。19歳の男子学生に聞くと「60歳です」。

調子に乗りました。

立ち幅跳びで、ある女子学生の距離に及ばない。負けてはならじと数回繰り返しました。直後に左の太もも裏に鋭い痛みが走りました。

しまった、またやっちまったか。

記者時代、野球の試合中に過去2回、ふくらはぎの筋断裂を経験しました。半年間の松葉杖暮らしを余儀なくされました。

実は少し前、雨に濡れた舗道上で滑って転び、得意な柔道の受け身も及ばず左半身を痛めていました。

体力測定の翌朝、激痛で起き上がることができません。無遅刻無欠席を途切れさせてなるものか。

タクシーで登校したものの、痛くて痛くて歩けません。

異状に気付いた男子学生が車いすを手配してくれたり、近くの外科医院へ連れて行ってくれたりしました。

すまねえ、恩に着るぜ。

左の太ももやふくらはぎの筋肉が複数個所で切れていました。自然にくっつくのを待つほかはないとの診断です。以来、短大の保健室で借りた木製松葉杖に頼る日が3か月ほど続きました。

野獣諸法度「決して目立たず」潰えたり。

課題曲は「ミッキーマウス・マーチ」

後期試験に備え、自宅では新品の電子ピアノで家人の指導を受けていました。楽譜を初めて見て、左右の手で滑らかに弾く家人に敬意を抱きました。出来の悪さに呆れられ、時に「音楽をやる資格なし」と見捨てられそうになっても、冷徹かつ非情なレッスンに食らいつきました。

同級生のみなさんの手も大いに煩わせました。

「『あなたのおなまえは』のメロディーが浮かびません」

「はい、では弾きますよ」

ぽろぽろろーん。

ありがとうございます。

当方は、楽譜が読めなくても耳で覚えて弾くタイプと気づきました。

ほかのみなさんも、ご自身の練習を中断して懇切丁寧に教えてくださいました。当方ごとき指の短い者でも遠く離れた鍵盤へ円滑に指を運ぶ秘訣や、小気味よいスタッカートの決め方などです。

短大の練習室は充実しています。アップライト型ピアノを置き、防音設備の整った部屋が20ほどあります。5千円支払えば年中使い放題です。セブンスター8・3個分です。某誌から依頼された犯罪記事の原稿料の一部を充てました。

毎日、少なくとも30分はここにこもるよう努めました。愛用した部屋は7番です。はい、ラッキーセブンです。練習室の鍵を管理する女性職員は窓口に出向くと、こちらがお願いする前に「7番、空いていますよ」と渡してくれました。

放課後にそこで練習していると、へたくそな音の連打に気付いた教員が立ち寄って「頑張っていますね」と励ましてくれます。

「見て覚える手もあります。動画を撮っていいですよ」と模範演奏をしてくださる学生もいました。

かような手厚いご支援を受けるうち、ピアノが楽しくなってきました。

課題曲の「おべんとう」や「おかたづけ」を苦しみながらもクリアしました。後期の試験曲はジミー・ドッドさん作曲の「ミッキーマウス・マーチ」です。

棒の左右にぶら下がっておる計3個の音符はどう弾くんじゃい。
四分休符の右横に鎮座する点は何ぞや。
うわ、音符の横に♭や♮がくっついておる。

しかも、試験では楽譜を見ず、歌いながら演奏せよと仰せか。

よっしゃ、ちょっと前の当方ならいざ知らず、いまや頼もしい助っ人軍団に支えられて怖いものなんざねえ。
野獣諸法度番外編をフル発動じゃ！

ほぼ毎日、家でも短大でも先達に疑問点をぶつけ、解明しながら練習しました。親指の腹の痛みは、竹刀やバットの素振りで生じたマメと同じ価値があるはずです。
先日行ったフジコ・ヘミングさんのピアノコンサートを思い出せ。かの名ピアニストが「間違ったっていいのよ。私なんてしょっちゅう」と仰せだった。

迎えた試験日。

審査教員3人、同級生二十数人が見守る中、グランドピアノを弾き、歌いました。

案の定、前奏でつかえました。初めて触れるグランドピアノは、押さえた鍵盤がいつものアップライトより深く沈み込むのですもの。

「落ち着け、きょうのリーダーはミッキーさんじゃねえ、おれだ」と言い聞かせ、弾き終えました。

合格しました。

評価は前期より1ランク上がって「良」でした。安心はできません。2年になると曲のレベルがぐんと上がるようです。さらに精進あるのみです。

進め、進め。

ミッキーさんも背中を押してくれている。

第五章 現場では子に学ぶ

Jiken - Kisha
Hoikushi ni Naru.

机上から実践へ――「実習」は三つ

2年生になると「実習」が本格的に始まります。

保育や幼児教育、福祉支援の現場へ学生が一定期間出向き、子どもたちや保育者、保護者らと実際に関わります。机上で学んだ知識や技能を実践できる力を養う場とされています。

保育所での「保育実習」、幼稚園での「教育実習」、保育所以外の児童福祉施設での「施設実習」のすべてで合格点を得なければ、保育士資格も幼稚園教諭免許も取れません。

余談ながら、保育所は児童福祉法に定める児童福祉施設のひとつです。幼稚園は学校教育法で定める「学校」のひとつです。

実習期間は保育実習と教育実習が各20日間、施設実習が10日間です。

実習に赴く前に「事前指導」という名の授業がびっちり組まれます。実習中の髪の色や服装から毎日提出する実習記録の書き方まで微に入り細を穿《うが》つ指導を受けます。

求められる項目の多さと細かさに「やり通す自信がない」と悩む学生が少なくありません。当方も然りです。

実習に行く直前には、教員による身だしなみチェックを受けます。髪は黒以外はアウトです。染めていないのに茶色がかった髪の学生には「生まれつき」であることの証明書提出が求められます。そこまでやる必要があるのか。大いに疑問です。

当方は四苦八苦、七転八倒の末に計50日間の実習を何とか乗り切りました。

これから保育士や幼稚園教諭を目指すみなさんが本書を読んでおられるかも知れません。実習での出来事や当方が考えたことをつぶさに伝え、参考材料に供したいのであります。

しかしながら「知り得たことを漏らしてはならぬ」とのお達しが各方面から出ているため、実習先や個人が特定できないよう細心の注意を払いながら書きます。

保育士については児童福祉法で「正当な理由がなく、その業務に関して知り得た人の秘密を漏らしてはならない。保育士でなくなった後においても同様とする」と守秘義務を課しています。違反すると、1年以下の懲役または50万円以下の罰金を食らうおそれがあるのです。どうかご了承願います。

歌い方にも座り方にも意味あり――失敗から学ぶ

実習先は自分で選びます。多くの学生はご自身が卒業した園や施設を選んでいました。実習で好印象を持たれれば卒業後にそこへ就職というケースも少なくありません。当方は、運営方針や子どもの支援内容に興味を持った3施設を選びました。同級生のみなさんのように若くも初々しくも瑞々《みずみず》しくもなく、浮世の汚れにまみれた当方をよくぞ受け入れてくださったと心から感謝しています。

失敗は数え切れません。

「歌う声が大きすぎますね」

室内に散らばったおもちゃの片付けを促そうと「おかたづけ」を歌ったときのことです。指導役の先生にやんわりと指摘されました。

短大のピアノ実技で苦労の末、弾き語りを習得した曲です。短いし、楽しい。

「さあさ　みなさん　おかたづけ」と繰り返し朗々と歌っていると、一緒に歌う子どもが1人2人と増えていきます。片付けも順調に進みます。つい声が大きくなります。少し離れた場所で絵本を読んでいた子どもがこちらに注目しています。おままごとに興じている子どもも然りです。

歌うのは構わない。でもほかの遊びに熱中している子どもの関心を無理に移すような音量は考えものです。

主役はあなたではなく、子どもです。

そう諭されたのです。

しゅん。

座り方をめぐってもご指導いただきました。室内で胡坐《あぐら》をかいて座ることはタブーと短大で教わっていたのに、やってしまいました。正座が基本で、常に尻を浮かしておかなければなりません。

複数の子どもからの度重なる抱っことおんぶ要求に応えていたら、腰とふくらはぎが悲鳴を上げました。

ちょっと休ませてね、両足を横に広げて前に組んでしまいました。だめです。

正座&尻浮かしは、子どもの安全を守るための姿勢なのです。

ある実習先で目撃しました。絵本の読み聞かせをしていた先生が2メートル先で異物を口に入れようとした子どもを見つけるやいなや、その姿勢から瞬時に動いて事なきを得ました。その疾《はや》きこと、わが子を外敵から守ろうとするチーターのごとし。よくわかりました。

三日月を眺めながら

子どもの素晴らしさをたくさん目の当たりにしました。実習の最大の収穫です。

豊かで美しい言葉のやり取りを大切にする実習先がありました。

当方が曲がりなりにも言葉を生業としてきたことをご存知です。意味を理解できなくても子どもにたくさん語り掛けて、と先生がおっしゃいます。考えや思いを自分の言葉で伝えられるように、との願いが込められています。

はい、承知しました。

ある日の夕方、室内にいる子どもが窓越しに三日月を眺めていました。不思議ですよね、お月さまの形はしょっちゅう変わります。
月の満ち欠けの仕組みをわかりやすく説明し、ウサギさんやかぐや姫がいる可能性も伝えました。子どもの目が輝いています。月への興味が増し、手元に置きたくなったのでしょう。

「せんせい、あれ手で掬《すく》えるかなあ」と当方に尋ねました。

「そうしたいですね」と答え、月までの距離が約38万キロメートルあること、あなたと同じように月に関心を持っている人が世界中にいることを話しました。ロケットで月に行った人もいるのですよとも告げました。

せんせいはなぜ勉強に来たのか

いちばん大切なことを教えてくれたのは実習先で出会った子どもでした。
一緒に「犬のおまわりさん」を歌い、遊び、運動をしてすっかり仲良くなった子どもが実習の終盤、当方に歩み寄って言いました。

「せんせいが勉強に来ているのは、ぼくたちを幸せにするためだよね」

そうだ、保育士資格や幼稚園教諭免許を取るためじゃないんだ。

そんなちっぽけなことではなく、すべての大人がなすべき最も重要なことを思い出させてくれました。ええ、約束しますとも。

いちばんの資質――子どもが好きなこと

短大の授業で教員のみなさまが口を揃えておっしゃることがあります。

「保育士や幼稚園教諭を目指すみなさんにいちばん求められる資質は、子どもが好きなことです」

ああ、よかった。

ピアノをろくに弾けない。絵本の読み聞かせは見てきたように語る講談調になっちまいます。折り紙は、それこそ折り紙付きの不器用さが災いして鶴さえ満足に折れない。童謡の「かたつむり」を歌うと、ついついビブラートをきかせてしまい「ムード歌謡みたい」とくさされる始末です。

保育や幼児教育の現場で欠かせないこれらを学ぶ授業ではどれも一歩前進二歩後退、苦戦の連続です。

上達目指して精進は欠かしませんが、同級生のみなさんのように上手にできません。

はい、それでも求められる資質はかろうじて備わっていそうです。

何とかなりそうです。安心しました。

「子ども好き」ということが憚られる社会の現実

ただ、元事件記者としては「子ども好き」と聞くと、反射的に警戒してしまいます。公言するのが憚られる現状が残念です。

保育士や学校の教員など子どもと密接に関わる仕事の従事者が、子どもに危害を加える事例が後を絶ちません。歪んだ性欲の対象に子どもを選ぶ輩が少なくないのです。女児への性加害容疑で逮捕された学校教諭は、警察の調べに対し「女児にそんな行為をするために教諭になった」と供述しました。

文部科学省によると、2022年度に子どもへの性暴力で処分された公立学校の教職員は119人でした。事態の深刻さに22年4月、「教員による性暴力防止法」が施行されました。

それでも卑劣な行為は続いています。

乳幼児の裸や陰部の写真・映像をインターネット経由で売りさばく業者を取材したことがあります。もちろん違法行為です。殺到する注文に「商品」発送が追いつかないとこぼしていました。

阿漕《あこぎ》な商売に手を染めていながら「こんな風潮は気味が悪い」と業者が勝手なことをぬかしていたのを覚えています。

生後間もない赤ちゃんに鬼畜の所業を行い、その様子を撮影して売った親もいました。取材の過程で目にして怒りがこみ上げました。

ネット上にいったん流通すると消し去ることは難しい、と捜査関係者は指摘します。

無条件で守り、慈しむ存在

当方にとって子どもは、無条件で守り、慈しむ存在です。

泣いていたら笑わせたい。
困っていたら助けたい。
ひとり立ちできるまでは支えたい。

公序良俗に反しない範囲で一緒においたもします。度を過ぎた行為には厳しくノーを突きつけます。はやりの「ひたすら寄り添う」には賛同できません。

そうやって馬齢を重ねてきました。

小難しいことは、子どもの権利条約（1989年採択）やこども基本法（2023年施行）に書いてあります。どれも当たり前のことです。それを宣言したり、誓ったりしなければならないのは子どもを取り巻く状況がよろしくないことの証しです。

「よい子であろうと悪い子であろうと、われらに生命を与えてくれる魂を愛するように、愛さねばなりません」

名作『ドン・キホーテ』でセルバンテスさんが子どもについて、そうおっしゃっています。かくありたいと切に思います。

支援の人手が求められている

3施設のほかに、当方は「こども音楽療育士」という資格を得るため、ある児童福祉施設で5日間の実習をしました。

こども音楽療育士は民間資格です。主に心身に障害のある子どもに音楽を使って豊かな育ちを支援するのが仕事です。

この施設には発達障害などの子どもたちが通っています。自己紹介の紙芝居で当方の名前を覚えてくれてうれしゅうございました。「あわてんぼうのサンタクロース」

（作詞吉岡治さん、作曲小林亜星さん）を一緒に歌ってくれてありがとう。

この施設に通う子どもを学校へ迎えに行くと、同種施設の迎えの車がずらりと並んでいました。

文部科学省の2022年調査によると、全国の公立小中学校通常学級に通う児童生徒の8・8％に発達障害の可能性があるといいます。援助を必要とする子どもは増えています。支援が行き渡っているのか不安になりました。

現場の先生が子どもとどう関わっておられるのか。一つひとつの言動にどんな意図を込めているのかを学ぶのも実習の目的です。

一人ひとり個性や成育環境、発達度合の異なる子どもに応じて、関わり方も異なります。

ある先生は「正解はありません。日々変わる目の前の子どもをとにかくよく見て、どうすれば子どもの成長と発達に資する援助ができるかを模索しています」とおっしゃいました。

よく理解できました。ただ、ずっと気になっている疑問があります。

現場の先生方が懸命に取り組んでおられる保育や幼児教育は、実際のところ子どもにどんな影響を及ぼしているのでしょうか。ねらいは実現しているのだろうか。

保育・幼児教育の指針となる基準は国が定めています。頻繁に改定され、内容も変わります。短大で教わりますが、分量が膨大な割に具体性に欠けていると当方には思え、よくわかりません。

ようやく文部科学省が最近、幼児期の教育や経験、家庭環境がその後の成長や生活にどんな影響を与えるかの調査を始めました。初めてです。遅い。

就学前の5歳児約1万5千人を対象に小学4年まで追跡調査します。子どもの保護者や通った保育所や幼稚園、小学校にアンケートします。結果次第では保育・幼児教育の内容が変わる可能性があります。

どうか現場に混乱を来さないようにと願います。

保育者を目指す後輩へ

出来の悪い実習生から、保育者を目指す後輩のみなさんへのささやかな助言です。

▽遠慮なく何でも聞こう

失敗連発の当方に多くの先生は「できなくて当たり前」とおっしゃいます。子どもとの関わり方をはじめ、実習記録でも指導案でも絵本の読み聞かせ方でもわからないことはすべて聞きました。

わかるまで聞きましょう。遠慮は不要です。

人によって流儀が異なります。A先生のおっしゃった通りにしたらB先生にダメ出しされることも。世の中そんなものです。どんとまいんど。

▽メモを取ろう

先生のお許しをいただければ実習中はまめにメモを取りましょう。小さなノートをジャージのポケットに。これだけは新聞記者時代の習慣が役に立ちました。あ、筆記具は子どもに触れられても安全なものを選ぼう。

子どもの似顔絵と氏名を初日に書いて、すべて覚えましょう。「高倉健ちゃん、おはようございます」と朝、しゃがんで目線を合わせて呼び掛けると子どもは大喜びです。

時系列で1日の流れを書き、室内の遊具配置図も。子どもの動き、保育者の支援内容を箇条書きに。毎日の実習記録書きがぐんと楽になること請け合いです。

▽ネットや参考書を活用しよう

子どもの前で演じる遊びの設計図たる「指導案」の題材選びや書き方は、ネット検索すればちょちょいのちょい。当方は山ほど参考書を買い込んで内容を拝借しました。ほぼそのまま書いたら全否定されたことも。それでよいのです。

指導案は実施日の少なくとも前々日に先生に見せ、助言をもらいましょう。これを怠って当方は実習評価で減点されました。しゅん。いえ、文句はありません。

▽言わねばならぬときはある

短大で「実習先でご指導いただく先生方に反論するな」と指導されます。ごく少数でしょうが、先生の中には理不尽な言動をなさる方もおられるようです。

尊厳を傷つけられたと感じたら、冷静に礼儀をわきまえつつ意見を述べましょう。反論ではありません。実社会に出ても必要なことです。

低い評価をくらったら根拠を質しましょう。短大と実習先との関係が悪化してもかまやしません。あなたの誇りと尊厳はあなた自身で守りましょう。

▽はーど　でいず　ないとをぶっ飛ばせ

日中の実習でぐったり疲れ、帰宅すると実習記録書きが待っています。短大が用意した紙に手書きでびっしりと記さなければなりません。何度も書き直して徹夜で翌日の実習に臨む人もいるようです。

もうやめませんか、こんな非効率なこと。

ＩＣＴ（情報通信技術）化が進む時代に逆行しています。パソコンにさらさらっと入力すれば時間と労力を無駄遣いしないですみます。浮いた時間にゆっくり休んで、元気いっぱいで子どもと接する方がよいに決まっています。

保育や幼児教育の現場でもデジタル化が進んでいます。まずは短大に「実習記録はパソコン入力に」と求めましょう。

すべては子どものためです。

若者よ、ひるむな、くさるな、立ち上がれ。

第六章 試験にはみんなで勝つ

Jiken - Kisha
Hoikushi ni Naru.

秋は学園祭の季節

短大2年目の夏休みを終えて後期に入り、キャンパスに戻って参りました。中庭を歩きます。汗だくになって追い回したセミやバッタはもういません。風の音にはっといたします。目にはさやかに見えませんが秋がそこまで来ているようです。

秋といえば大学祭です。

当方が1982年に卒業した京都の大学でも経験しました。人気アーチストのコンサートや様々な催し目当てに他大学からもたくさんの人が来ていて、キャンパスは大賑わいでした。

映画も上映され、ポーランドのアンジェイ・ワイダさんが監督した『灰とダイヤモンド』が印象に残りました。政治に翻弄される主人公のマチェク、最期も哀れで格好良かったなあ。彼がかけていたサングラスに似たものをかけ、悦に入っていた愚か者です。

近くの京都御所では関連行事としてソフトボール大会がありました。ゼミ仲間やスカウトした体育会の韋駄天《いだてん》らと参加しました。当方は3番、サードです。あれよあれよと勝ち進み、参加約50チームの頂点に立ちました。河原町通りの小料理屋で祝杯を上げ、翌朝まで痛飲しました。寝そべった御所の砂利が冷たく、心地よかったです。

わが短大も大学祭があります。併設の4年制大学と合同で11月上旬に開催されます。主催は学生の実行委員会ですが、催し物の多くは教員主導で決まります。人気アーチストのコンサートなど派手な企画はありません。

2022年、1年生当時のテーマは「輪駆《りんく》」でした。なるほど短大のある北九州市は競輪発祥の地とされています。レース後半で打ち鳴らされる鐘の音に乗り、若者よ疾駆《しっく》せよと仰せか。いえ、違いました。もっと高尚な決意を盛り込んでいるようです。

保育学科は、子どもを招いて楽しんでもらう企画に取り組みます。お祭りの神輿づくりや露店の駄菓子販売もいいなあ。射的やヨーヨー釣りも子どもは大好きです。どれに参加するか迷います。

「渋い声で歌うのを聴きたいです」

ピアノの超絶技巧を誇る女子学生から囁かれました。「ピアノコンサート」へのお誘いでした。

短大自慢のグランドピアノを使い、来場者に音楽を楽しんでもらう催しです。ピアノ演奏が中心ですが、演奏に合わせた歌唱もＯＫといいます。

この女子学生からは平素よりピアノのご指導をいただいています。断ることなどできません。おだてられればすぐ木に登る当方の本質も鋭く突いておられる。伴奏も引き受けてくださるという。

野獣諸法度「目立つな」に触れそうですが、浮世の義理には勝てません。参加を決めました。

十八番は「唐獅子牡丹」——何を歌うか問題

何を歌うかが問題です。

人さまの前で歌うことの場数だけはたくさん踏んできました。新聞記者時代、警察関係者や反社会的勢力との会合でカラオケは付き物でした。取材の一環です、念のため。

当時歌った曲を女子学生に告げました。

「唐獅子牡丹」、「兄弟船」、「みちのくひとり旅」、「傷だらけの人生」、「子連れ狼」、「中の島ブルース」、「雨の御堂筋」、「大阪で生まれた女」、「酒と泪と男と女」、「ラブユー東京」、「いっぽんどっこの唄」、「いいじゃないの幸せならば」、「星降る街角」、「昔の名前で出ています」、「兄弟仁義」、「悲しい色やね」、「くちなしの花」、「私鉄沿線」、「甘い生活」、「男の子女の子」、「お嫁サンバ」、「どうぞこのまま」、「時の過ぎゆくままに」、「巡恋歌」、「ろくなもんじゃねえ」、「とんぼ」、「しゃぼん玉」、「銀の雨」、「愛は勝つ」、「木綿のハンカチーフ」、「夏をあきらめて」……。

はあはあ、ぜいぜい。

え、どれもご存知ない。

しゅん。

ふと思い出しました。

ある会合で「唐獅子牡丹」を歌ったときのことです。本来の歌い手である高倉健さんに遠く及ばないのは当然ですが、その世界のやるせなさをちっとは表現できたかもと思いながらマイクを置きました。

するとその場にいた参加者の中で最高位にある人が「よかった、よかった。じゃあ、わしのも聞いていただきましょうか」と同じ曲を選択したのです。

当方とは比べようもないほどお上手で、迫力も十分でした。当方が歌い始めたとき、お付きの人の表情が曇った理由がわかりました。事前調査の必要性を痛感した夜でした。

曲がなかなか決まりません。

「では『ピーポくんのうた』はどうでしょう」

子どもにも大人気の警視庁のマスコットが題材の歌です。

「知りません」

そうかここは福岡県、警視庁は東京都の警察組織でした。

保育学科の学生らしく、当方愛唱歌のひとつである子守歌を提案しました。一節《ひとふし》太郎さんのヒット曲「浪曲子守唄」です。シングルファーザーの切ない子育てが題材です。いまにも通じる内容です。

冒頭部分をひとふし唸りましたが、女子学生の反応は芳しくありませんでした。しからば名優の左卜全《ひだりぼくぜん》さんが子どもたちと歌った「老人と子供のポルカ」はいかがか。お年寄りや子どもを交通事故などから守れ、とのメッセージが込められています。

１９７０年発表の歌を知る由もありませんよね。失礼しました。

いよいよ困りました。

長い協議の末、長渕剛さんの「乾杯」に決めました。「タイトルは聞いたことがある」とおっしゃる。ほっ。若い人たちの幸せを願う歌詞にも共感していただきました。

次は楽譜です。楽器屋さんで入手した楽譜を基に女子学生が、当方の声や歌い方に合わせて改編を重ねてくれました。睡眠時間を削ってまで作ってくださった手書きの楽譜がありがたくて、眩しくて胸がいっぱいになりました。

「ＯＫです」

練習を繰り返した末、女子学生が親指を立ててゴーサインを出してくれました。

黒スーツでマイクを握る

２０２２年11月３日、本番を迎えました。

当方を含め全８組が出場し、午前と午後の各１回、計２回演じます。わがピアノコンサート班の学生は朝からキャンパスに散り、大学祭来場者にプログラムを配って参加を呼び掛けます。

プログラムの演目を眺めます。

ピアノソロ「ピアノソナタ8番・悲愴」、ピアノ連弾「フレンド・ライク・ミー」、「ウクライナの鐘のキャロル60番」、アンサンブル「人生のメリーゴーランド」……。

文化と芸術の香り漂う曲ばかりです。

「ウクライナの鐘」は同級生2人の連弾演目です。本番前に演奏を拝聴しました。初めて聴く曲です。ロシアによるウクライナへの軍事侵攻と勝手に重ね合わせ、感動しました。選曲理由は軍事侵攻と関係ありませんでしたが、お二人と国際情勢を少しでも語り合えてよかったです。

5番目登場の当方のデュオ「乾杯」が際立って場違いです。せめて本日はたばこを控え、のど飴をなめなめ出番に備えます。

司会役の女子学生が当方と女子学生の名前を読み上げました。

いよいよです。

会場はお客さまでぎっしりです。ひい、ふうみい、よう……。新聞記者時代の習慣で人数を数えると60人近くいます。空席はありません。

舞台衣装はもちろんいつもの戦闘服、黒のスーツに黒ネクタイです。

マイクを握ります。

目の前に分厚い透明のビニールシートが置かれています。コロナ感染防止策です。邪魔ですがやむを得ません。

屈伸運動をすませ、背後で伴奏してくださる女子学生とアイコンタクトを交わして頷き合いました。

さあ、いこう。

よろしゅうおたの申します。

客席に一礼すると、同級生や見知らぬ女子学生のみなさんが「がんばれえ」と声援を送ってくださる。

老いてなお膝を叩きながら舞台を走り回る吉本新喜劇の名優、平参平さんを見守るのと同じ心境なのでしょう。ありがとうございます。

ここには「オヤジの十八番《おはこ》を先に歌いやがって」と睨《にら》むお兄さんはいません。

前奏が厳《おごそ》かに始まると、客席の女子学生グループがそれに合わせて右手を左右にゆっくりと振り始めました。

歌いやすい雰囲気を作ってくださるのですね。もう、本当にあなたたちはどこまで優しいのか。

左手をズボンのポケットに突っ込んで歌う非礼をお許しください。小心者はこうしないと重圧に押しつぶされてしまうのです。

何とか歌い終えました。

大きな拍手に加え「ブラボー」との賛辞まで頂戴しました。おっと勘違いしちゃならねえ。すべては伴奏なさった女子学生に捧げられたのです。

会場を出ると、見知らぬ女子学生複数が「よかったです。動画撮りました」と声を掛けてくださる。サビの部分を歌いながら歩く学生ともすれ違いました。

保育や幼児教育の現場では子どもの自己肯定感を育む言葉掛けが大切とされていま

す。学生のみなさんは保育士や幼稚園教諭のたまごの段階で、すでにその素養を備えておられます。

大切な人を紹介してくれる同級生

翌年2年生時の大学祭でもピアノコンサートに出ました。1年時にお世話になった女子学生が「今年もやりましょう」と誘ってくださいました。

厚かましくも2曲歌いました。

「乾杯」と、郷ひろみさんの名曲「よろしく哀愁」（作詞安井かずみさん）です。作曲した筒美京平さんは2020年に亡くなりました。希代のヒットメーカーのことを若い衆に知っていただきたかったのです。

わが相棒の女子学生は、どんな局面でも完璧を目指します。聴いたことのない「よろしく哀愁」について、当方が歌いやすく、聴衆に曲の魅力が伝わるように徹夜して楽譜を作ってくださいました。筒美さんもきっと喜んでくださったはずです。

コンサート会場は翌日、カフェに変わります。大学祭の来場者にお茶とお菓子をふるまい、休んでいただきます。

会場の設営や提供する茶菓の買い出しも担いました。女子学生のみなさんと買い出しの途中、寄り道して「マクドナルド」で一服したことは内緒です。

「まいど、いらっしゃい。何しましょ？」

ウエイターもやりました。大学生のころ、レストランや立ち食いうどん屋で経験済みです。お客のあしらいには慣れています。不審者撃退の術も持ち合わせていますが、それを発揮する機会はありませんでした。

大学祭には学生のご家族やお知り合いもたくさんいらっしゃいます。

同級生の親御さんからご挨拶をいただいて恐縮しました。いえいえ、こちらこそお子さんにお世話になっております。

ごきょうだいや交際している男性を紹介してくださる学生もいました。そんな大切な人々を当方ごときに？

「〇〇さんに日々支えていただいています」と申し上げながら、うーん、当方は彼女たちにとっていってえどんな存在なのだろうと不思議な思いにとらわれるのでした。

学園祭が終われば勉強一直線

大学祭を終えると、授業に全力を注ぐ日々が再び始まりました。

「ピアノコンサート」における当方の歌唱場面を同級生や教員が動画撮影してくださっていました。かたじけない。データをいただき、勇を鼓して2回だけ見ました。画面に向かい「この厚顔無恥野郎め」と毒づくほかありませんでした。

「命、長ければ辱《はじ》多し」

兼好法師さんも「徒然草」でおっしゃっています。恥じて悔いても詮無《せんな》きこと、大学祭のことは忘れ、さあ脇目も振らずに勉強一直線でい。

授業は「シラバス」に沿って進められます。科目を担当する教員が作って、あらかじめ学生に公表しています。

授業の概要や単位数、到達目標、前期・後期各15回の回ごとの授業計画、成績評価の方法、教科書・参考文献が書かれています。文部科学省が「大学設置基準・成績評価基準等の明示等」に基づいて作成を求めているようです。

当方が大学生だった四十数年前はなかったように思います。

事前に読み込み、勉強のポイントをつかんでおけば教わる内容がさくさくと理解できそうです。未知の分野に迷い込んで右往左往の当方にとって実にありがたい。

当方はこれを読んで履修登録をし、授業に臨みました。シラバスは教員と学生が交わす契約書のようなものでしょう。

ところが教員の中にはシラバスとは異なる進め方をなさる方がいます。ご自身の価値観を押し付けたり、常識を疑うような振る舞いをなさったりする方もいて戸惑いました。失礼ながら教える技量に疑問を抱かざるを得ない方に遭遇した日にゃ頭を抱えました。

もちろん教員のみなさまは人格、識見ともに優れた方ばかり、のはずです。でも本業である授業をめぐって学生に「内容が理解できない」と言わせてはなりませぬ。

決して安くない授業料に見合う授業をしていただかなくては、学生との「契約」を違えることにもなりかねません。

価値観の押し付けにはNOを

必修科目を担当するある教員とは、僭越ながら頻繁に議論しました。

幼児教育の基本と細目を定めた文部科学省の「幼稚園教育要領」に依拠して毎回お話をなさいます。熱意は十分に伝わってまいります。敬意を表します。

ただ話があちらこちらに飛んで、本日の主題がわかりません。シラバスの中身とも違います。

合間に学生を指差して「はい、あなたこれはどういうことですか」と質問なさる。答えられない。当然です。ずっと聞いていた当方も何を問うているのかわかりません。複数の学生が縋るような視線を当方に投げて寄越します。

合点承知、しばし待たれよ。

赤ちゃんには「ミルクではなく母乳を」とか「紙おむつではなく布おむつを」とい

う趣旨の発言も気になりました。母子の体調や生活環境に応じて考えればよろしいのではありませんか。

これから親になるかもしれない若い衆の選択の幅を狭めてはいけない。おっしゃるなら詳しい根拠と最新の研究データをお示しの上でどうぞ。


潮時です。

挙手をして発言の許可を得ます。学生としての分をわきまえ、冷静に、礼を失せぬよう言葉を選んで申し上げます。


「ご自身の価値観は尊重も、押し付けと解釈されかねないご発言の再考を」

「冒頭で本日講義の柱を明確に示されたし」

「人を指差す行為はお控えあれ。某国ならその場で撃ち殺されるおそれがありますぞ」

教員の研究室でも膝を突き合わせて話したことはいちどではありません。改善を約束してくださった事柄もあります。豊富な教育経験をお持ちです。

お願いします。理解できないことの責任を学生にだけ帰すのはおやめくださいね。

採点への不服申し立て

別の教員とは試験の採点をめぐり、じっくりと話し合いました。

この教員の担当科目で「良」評価を受けました。すでにピアノ実技で不合格のち最低合格「可」を食らっています。野獣諸法度「全科目最高評価」の野望は潰えていました。

とはいえ、これ以上の躓《つまず》きはもう許されません。試験問題を思い出し、自己採点しました。

「学内歌の歌詞を書け」との問題には適当に回答したため減点はやむを得ません。他の問題はそこまで不出来だったわけではない。ぎりぎりで最高評価の「秀」、悪くて次の「優」、その下の「良」はないだろうと確信しました。

疑問はすぐにでも解決しなければなりません。新聞記者の仕事でも保育の仕事でもそれは同じです。

学科長経由で担当教員と面談しました。減点の詳細を聞いて愕然としました。

複数の空欄を用語で埋める問題で、回答した用語は正しいが「その順序が異なる」として大きく減点されていました。

平和を子どもに伝える際に用いる教材を問われ、当方は原爆を題材にした絵本を挙げました。0点でも納得しませんが、減点されていました。「残酷だから」と理由を説明なさる教員に「お読みになったことがありますか」と聞くと、「いいえ」とおっしゃる。

怒りよりも情けなさが込み上げました。

ほかの教員も交えた会議で評価の見直しが決まり、「優」に落ち着きました。

同様の物差しで全学生の回答を評価しているはずです。それによって不合格となり、数千円の追試料を払って再試験を受ける羽目に陥るケースもある。

多くの学生は、コンビニエンスストアや飲食店などでアルバイトをして保護者の経済的負担を減じようと頑張っています。余計な負担を強いてはなりませぬ。

すべての学生の評価を見直すよう求め、実行していただきました。

後日、くだんの絵本を買ってこの教員に進呈しました。

お読みくださいましたか。折があれば感想をお聞かせいただきたく存じます。

考え方が異なるのは当然です。時間をかけて話し合うことができました。感謝申し上げます。

短大当局には、それまでなかった評価への不服申し立て制度を作るよう求めました。すべては学生のために。

一人ひとりが自分らしく生きる

保育や幼児教育の現場では、一人ひとり異なる特性や個性を持つ子どもの多様性を理解し、それぞれに応じた関わり方が求められています。

偏見や狭い価値観に別れを告げなければなりません。

ある教員は、座学ではなくトランスジェンダーの知人を短大に呼ぶことでこれを伝えようとなさいました。素晴らしい。

男性の身体で生まれたけれども、自身の性別は女性であると認識している人です。短大へは、長い金髪にブレザーとスカート姿でおいでになりました。かっこいい。並んで写真を撮っていただきました。

当方より1歳若く、56歳のときにカミングアウトしました。音楽関係のお仕事をしながらLGBTQ（性的少数者）への理解を求める活動をなさっています。

一人ひとりが自分らしく生きることのできる社会に、との講演に感銘を受けました。

トランスジェンダーが戸籍上の性別を変えるのに、生殖能力を失わせる手術が必要とする「性同一性障害特例法」の要件があります。最高裁は2023年10月にこの要件を「違憲で無効」と判断しました。これについてのお考えも聞くことができました。

「とにかく現場へ、そして当事者から話を聞け」

記者時代の鉄則です。

教員が苦労して用意してくださった稀有な学びの現場です。ありがたく活用させていただきました。

試験には厳しいルールがある

野獣諸法度「全科目最高評価獲得」が1年生の前期で早くも頓挫《とんざ》したのはお伝えしたとおりです。

人生そんなもんです。蹉跌《さてつ》は山ほど経験してまいりました。躓くたんびにしゅんとしていたら前に進めません。

負けてたまるか。

人生はワンツーパンチだ。

汗やべそをかいても乗り越え、さあ次に挑もうぜ。

前期と後期の授業が終わるたび、試験があります。「可」以上の評価を得て合格しないと単位が取れません。つまり保育士資格と幼稚園教諭免許の取得が夢と消えます。

試験会場ではスーツを着なければなりません。加えて校章着用も義務付けられています。もう、いちいち理由を問いません。

金ぴかの校章、入学式の際に配られたがどこにいったかな。

会場の教室には教員2人が陣取って不正行為に目を光らせます。カンニングは退学処分の対象になります。当然です。さような卑怯な所業は流儀に反します、いたしませぬとも。

机の上に置けるのはシャープペンシル数本と消しゴムに学生証だけです。

筆圧が強いためシャープペンシルの芯がすぐに折れます。対策として予備の芯を6本、必ず本体に装塡《そうてん》しておきます。

消しゴムは、忘れた同級生のピンチを救うため常時3個用意しています。半分にちぎれば5人に対応できます。

「質問です」

試験開始前、挙手して目薬を机上に置くことの可否を尋ねました。小さい文字を長く見つめていると目がかすむものですから。

「どうぞ、どうぞ」

同年輩の教員から許可を得ました。同じ悩みを抱えておられるようです。

チャイムが鳴りました。60分一本勝負が始まりました。裏返していた問題用紙をひっくり返してにらみつけます。

かかってきやがれ、負かそうとしたってそうはいかねえ、返り討ちにしてくれるわ。仕掛けは万端整えて来たぜ。

試験前の「尋問」

試験については授業の最終回に教員が説明します。その内容には濃淡があります。出題範囲を細かく説明なさる方がいれば、大雑把に示すにとどめる方がいる。問題は後者です。「これまでの授業で配った資料ぜえええんぶが出題範囲です」とおっしゃる強者もいらっしゃる。

しばしお待ちを。

資料はすべて保管していますが、重ねると厚さは8センチを優に超えますぞ。解読不能のものも含まれます。先生ご自身も把握されてはおられますまい。

教員は当方らの生殺《せいさつ》与奪《よだつ》の権を握っておられる。それを楽しもうとなさるかのごとき振る舞い、わからぬではありません。当方が教員ならそうしかねません。

いえ、それでは困るのです。

大部資料との格闘なら新聞記者時代に経験しました。いささか腕に覚えがあります。集めた登記簿謄本や有価証券報告書などの束を一枚一枚丹念に読み込み、犯罪の糸口を探る作業に没頭しました。まだ老眼が進んでいない時分ながらたいそう苦しみました。

試験まであと数日、ほかの科目もたくさん控えております。分厚い配布資料をめくり直す暇がありません。

しからば情理を尽くして出題者から聞き出す以外にありません。

配布資料の束をかたわらに置き、授業のすべてを記した「講義録」ノートを頼りに質問します。講義録には教員の似顔絵も描いてあります。

「☆試験に出る」、「必ず出す」と赤ペンで書いてある箇所を中心に攻めます。

「○月×日の授業でこうおっしゃっています。これは出ると確信しています。いかがでしょうか」

千里の道も一歩から。ひとつずつ詰めていくと出題範囲と内容が絞りこまれてゆきます。

次は出題方法です。語群選択か記述式か。考えを自由に書く問題はあるのか。配点はいかに。

根負けなさったか、教員のガードが徐々に下がってきました。よし、ラッシュだ。

30分ほどやり取りを重ねると、試験問題の概要がつかめてきました。「ほかのクラスではここまで話していません」と教員がおっしゃる。

知ったこっちゃありません。公平性を保ちたいなら、どうぞほかのクラスでもご説明ください。お任せします。

試験問題をめぐる教員との質疑応答について、同級生の女子学生が後にこう振り返っておられました。

「（警察の）取り調べ並みの質問攻めで範囲を吐かせる姿はとても頼もしかった」

試験大作戦――ミッションはＬＩＮＥで

当方の試験対策は、ここからが本番です。教員との攻防で得た収穫を同級生のみなさんと分かち合うのです。

ピアノやお遊戯、裁縫などで平素からたいへんお世話になっています。日々優しく、温かく接してくださるからこそ野獣は短大生活を送ることができているのです。せめてもの恩返しです。

大学受験の名参考書に旺文社の『傾向と対策』シリーズがあります。戦後間もなく出版され、人気を博しました。

これにならい当方版の「傾向と対策」を作ることにしました。科目ごとに想定問題を作り、覚えておいた方がよい重要用語は赤字にします。

赤字部分だけを隠す暗記用の下敷きがあるのですね。同級生が使っているのを見て、初めて知りました。

法律や制度で教員の説明不足と思われる点については、補って書き込みます。自分の勉強にもなります。

独自取材でつかんだ担当教員の個性や癖も参考情報として書きました。


「自由記述欄は内容より分量を重視」

「まだ出していない提出物があれば出そう。加点間違いなし」

「試験日は担当教員の誕生日。出会ったら祝辞を。加点の可能性あり」


相手のことを知っていれば負けやしません。孫子さんがはるか昔に仰せです。

1科目の「傾向と対策」はA4サイズの紙で5枚前後に達します。LINEを使えばクラス全員への一斉送信が可能なのでしょうが、当方はゆえあって使いません。複数の同級生にパソコンのメールで送り、全員への周知をお願いします。瞬時にLINEで伝えてくださいます。お手数をかけます。

みなさん律儀にお礼を述べてくださいます。いえ、それには及びません。誤りや不足情報をご指摘いただきますもの。

「傾向と対策」作りに手の回らない科目がありました。焦っていたら、同級生が作って送ってくださいました。助かります。優しいお気遣いが身に沁みました。

担任教員によると、わがクラスの試験成績はほかの3クラスを凌駕《りょうが》していたようです。成績が上昇した学生も少なからずいたそうです。

もちろんみなさんの努力の賜物です。「傾向と対策」がちっとでもお役に立てたのなら幸甚です。勝負は勝たなくてはなりません。

わがクラスの極秘試験対策を知った別クラスの男子学生が、ある科目について「教えてください」と求めてきました。スマートフォンのショートメールで、です。

なめとんのか？

野獣諸法度「男子学生には厳しく対応」発動！

文面の幼稚さだけでなく、依頼方法がなっていません。

会った折に告げました。

「よう、誠意という言葉を知っているか？　人にものを頼むときの礼儀と言いようを勉強して出直して来い」

本人のためです。社会に出てから困る姿を見たくありません。おまえさんが漕ぎ出す世間は冷たいぜ、叱りはしないけど無視してそれでおしまいよ。

同じことを面と向かって真摯な表情、生真面目な態度、丁寧な言葉で求めてきた別クラスの女子学生には「よろしければ」と提供しました。

異なる対応の評価は読者のみなさまに委ねます。

最後の試験始まる

短大生として最後の試験が２０２４年2月5日に始まりました。

8日までの4日間、6科目に挑んですべてを打ち倒さなければなりません。科目は

「子育て支援」に「子どもの食と栄養Ⅱ」、「子ども家庭支援の心理学」、「子ども家庭支援論」、「保育制度論」、そして最大の難関たるピアノ実技の「器楽応用」です。

「子育て支援」では授業中、「絵本だより」の作り方を分不相応にも全クラスの学生に講義いたしました。保育所や幼稚園に通う子どもの保護者に向け、子どもに読んでほしい本を紹介するのが「絵本だより」です。

いえ、志願したのではありません。保育現場に長くおられた女性教員から「いろんなことをかみ砕いて、わかりやすく伝える経験を新聞記者として積んでこられた。その極意を絵本版でぜひ」と頼まれたのです。

ようがす、野獣諸法度「全局面で学生の範たれ」発動！

短大図書館で絵本関連の文献を読み漁り、本屋さん巡りをして絵本コーナーに入り浸っては新旧の絵本をたくさん買いました。

原資をいかにせむ。

セブンスターの買い控えはもう限界です。某誌に寄稿した書評の原稿料を充てました。

そうだ、別の某誌からも犯罪原稿の執筆依頼が来ていた。取材が厄介だから尻込みしていたけれども引き受けようっと。

3日ほどかけてまとめ、みなさんに講釈を垂れた「絵本だより」作りの要諦です。もっともらしいが恥ずかしいったらありゃしねえ。

一、保護者との大切なコミュニケーション手段と位置づけよう。時候の挨拶や園の様子も忘れずに。

一、定番の絵本は園にある。埋もれている絵本を発掘し、本屋さんが注目している絵本を探して紹介しよう。

一、保護者と子どもが一緒に眺めて興味が持てるよう、絵や写真を多用しよう。

当方の絵本だよりでは、『あっちゃんあがつく　たべものあいうえお』（原案みねようさん、作さいとうしのぶさん、リーブル）と『絵本　はだしのゲン』（作・絵中沢啓治さん、汐文社)、『まちんと』(作松谷みよ子さん、絵司修さん、偕成社)の3冊を紹介しました。

先生さま、筆記試験で万が一合格点に達しない場合はかような取り組みを評価対象に加えていただくよう伏してお願い申し上げます。

「子どもの食と栄養Ⅱ」ではグループごとに「好きな食べ物紹介」をしました。当方らは童謡の「おべんとうばこのうた」(作詞香山美子さん、作曲小森昭宏さん)を歌いながら、紙芝居風に食べ物の魅力を伝えることにしました。

登場する食べ物が渋いのです。

刻み生姜にニンジン、山椒、シイタケ、レンコンは若い衆には物足りないかも知れませんが、あれこれ摂取制限を食らっている当方にはありがたい。「筋の通ったフキ」が義理を重んじているようで、いちばん好きです。

発表後、教員から「新しいアイデア」との評価を頂戴しました。わが班の構成員4人全員に加点を期待します。

試験では同級生の協力を得て完成させた「傾向と対策」が効力を発揮したようです。

「あそこ、出てましたね」と謝辞をくださる同級生もいました。

よっしゃ、ピアノを除く5科目はなんとかなりそうな手応えを得ました。同級生のみなさんも開始30分で解答を書き上げ、早々と退出なさっていた。

首尾は上々と拝察、慶賀の至りです。

当方は、どの科目も試験終了の合図が出るまで席に座っていました。解答を見直すというより、試験の雰囲気をとことん味わいたかったのです。

ピアノで「アラベスク」に立ち向かえ

さあ、ピアノ実技「器楽応用」です。

試験曲はブルグミュラーさんの「アラベスク」です。

すみません、存じ上げない方です。

ドイツの強豪サッカーチーム、バイエルン・ミュンヘンの名FW選手、ゲルト・ミュラーさんならよく知っています。「爆撃機」の異名を持ち、泥臭くゴールを決める姿に憧れていました。

共通点はドイツの方であるということだけです。失礼しました。

ピアノ練習曲をたくさん作曲なさったのですね。ピアノを習ったことのある人ならみなさまご存知だそうです。

バイエルで両手による演奏の基礎を習得した初級者が、表現力を会得するために学ぶのがブルグミュラーさんの練習曲と知りました。

「25練習曲」のうち、「すなおな心」と「アラベスク」のどちらを試験曲に選ぶかと教員に問われました。

はい、どちらも知りません。

楽譜を拝見、前者の方が音符数は少ない。

では、それで。

教員が2曲を弾いてくださいました。アラベスクのメロディーには聞き覚えがありました。哀愁と情熱が同居しているように聞こえ、心惹かれました。

もといこっちにします。

む、右手で弾く小節に16分音符が四つも連なって並んでいます。これがしばらく続いたら、今度は左手部分がそんな状態に。スタッカートもた・く・さん・あ・る。「 」の記号とは初対面です。そこでピアノのペダルを踏み込むとな。左右の手に加えて右足も使えと仰せか。

「テンポは一定に」
「ぴんと指を伸ばして弾くのではなく、拳を軽く握って指を繰り出そう」
「でも、とても良い音が出ています」

懇切丁寧なご指導をいただいても一歩前進二歩後退が続きます。同級生や家人にもすがりました。

取材で遠征した折には、駅ピアノで「ラシドシラ　ラシドレミ　レミファソラ　ラシドレミ」をひたすら練習しました。順番を待っていた少年よ、勘弁してくんな。

Xの皆さまからの支え ――羽生結弦さんを敬慕する同志たち

忘れてはなりませぬ。プロスケーターの羽生結弦さんを敬慕なさるファンのみなさまにも、ピアノをめぐって多大なるご支援をいただきました。

当方は2008年、羽生さんが全日本ジュニア選手権を史上最年少の13歳で制したニュースをたまさか観て惚れ込みました。

事件関係者と待ち合わせていた東京の飲食店のテレビで、少年が躍動していました。以来、勝手に「若」と呼んで憧れ、敬う対象として仰ぎ見ております。

技術のことはよくわかりません。

当方ごときが想像もつかぬ壮絶な経験を咀嚼し、言語化し、発信なさる。

限界を設けず新しいことに挑み続ける。

東日本大震災などで被災した方々や障害を持つ方、そして子どもへの温かい眼差しをいつも忘れない。

若を敬う理由の数々は「ニューズウィーク日本版ウェブ」（2022年11月11日公開）に書きました。

古巣の依頼に応じ、朝日新聞のフィギュアスケートYouTubeチャンネル「Kiss and Cry Plus」でも「拝啓　羽生結弦様　元事件記者が語る『若』の魅力」（2023年3月17日公開）と題してぐだぐだと語りました。スポーツをこよなく愛する同級生の女子学生お二人が助太刀出演してくださいました。

X（旧ツイッター）では羽生さんファンと思いを共有する僥倖《ぎょうこう》に恵まれています。ピアノで四苦八苦していることを情けなくも呟くと、ご自身による演奏動画を添付して弾き方を指南してくださる。大いに参考になりました。

保育や幼児教育の現場を経験なさったという方からの励ましも身に沁みました。

全宇宙のファンに叱られるのを覚悟で明かします。

「いつかは若の演技に合わせて『春よ、来い』（作詞、作曲松任谷由実さん）をピアノで弾きたい」とX上でほざいたことがあります。すると一蹴することなく、「楽しみ」、「実現しますように」と応えてくださる。

夢と知りつつ、調子者はひそかに練習を始めちまいました。

「器楽応用」の授業の最終日、教員が「よく頑張りました。きっと合格します」と言ってくださいました。試験前にお茶を飲むと落ち着く、との秘策も授かりました。

これにて一件フェルマーター!

2024年2月6日、試験本番を迎えました。

いけねえ、またも前奏で躓きました。

かまうことはねえ、何事もなかったかのように演奏に戻りゃいい。

開き直りゃ道は開ける。

最後の右手の「ド・ラ」、左手の「ラ・ミ」をきっちり決めたぜ。おっと、上についている記号「𝄐」も忘れちゃならねえ。

これにて一件フェルマータ！

常の試験時とは異なり、教室には審査役の教員2人以外誰もいません。外で聞いてくださっていた女子学生が「よかったです」と声を掛けてくれました。お世辞でもうれしいです。

結果は合格、評価は「優」でした。

1年前期「不可」のち再試験で「可」
1年後期「ミッキーマウス・マーチ」で「良」
2年前期「かたつむり」で「良」
2年後期「アラベスク」で「優」

審査役の教員に無理を言って具体的点数を明かしていただきました。81点でした。80点以上が「優」です。ぎりぎりで、自己最高評価を得ました。

ずりずりのろのろ、でんでんむしのごとく少しずつ前に進むことができました。心優しく、頼もしいみなみなさまに支えられて野獣はなんとか日々を過ごしてまいりました。

第七章 事件記者、保育士になる

Jiken - Kisha
Hoikushi ni Naru.

成績はいかに⁉

2024年3月15日、きょうは卒業式です。2月に終えた2年後期試験はすべて合格しました。ともに奮闘したわが1組のみなさんも然りです。祝着至極に存じます。全員で晴れの舞台に臨めそうです。

午前3時前。

目が覚めてしまいました。春とはいえ夜明けにはまだ間があります。馬齢を重ねたゆえでしょうか。あるいは卒業式を前に気持ちが高ぶっているのか。新聞記者時代の性をまだ引きずっているようです。

当方が事件や犯罪取材に没頭していたころのことです。午前3時前後に、朝日新聞や毎日新聞、読売新聞（五十音順）などがその日発行する朝刊の最終版を交換していました。

担当する分野の懸案で、当方の知らないことを別の新聞にどかんと書かれていたら、すぐに取材を始めなければなりません。

何度も痛い目に遭いました。

特ダネは抜くもの、抜かれてはなりません。

取材が至らなかったために、読者のみなさまへの情報提供が不十分となる事態は避けなければならぬのです。

NHKラジオの正時のニュースも聴取必至であります。記者時代はポケットサイズのラジオを常に携帯し、夜回り中でも聞いていました。抜かれチェックのほか事件・事故の発生にも神経を尖らせました。

いまは他紙の特報をそれほど気にしなくてもよし、としています。

この日午前3時のNHKニュースは心安らかに聞きました。

続く「にっぽんの歌こころの歌」を流しながら、さて出立の準備を整えよう……として、チェックでふと思い出しました。本当に卒業できるのか。必修科目で取りこぼしがあるのではないか。教員も見逃しておられるのではござらぬか。

疑り深い記者の習性が忌まわしい。

パソコンで短大の学生サイトに入り、恐る恐る「成績照会」を開きます。えーっと卒業に必要な単位は62で当方が修得したのは96か。よっしゃ。問題の「必修」はどうじゃ。1個でも落としていたら目も当てられねえ。必要なのは25単位もあるのか。……、おう、すべて修得していた。ほっ。

むむ、科目ごとの評価も記載されている。

野獣諸法度「全科目最高評価獲得」の野望は1年前期ではや打ち砕かれましたが、さて。大学時代に修得した英語や日本国憲法などは「認定」扱いとなり、評価の対象外です。

これらを除いた58科目に挑んだ結果は次の通りです。

最高評価の「秀」：51科目

「優」：4科目

「良」：2科目

「可」：1科目

力不足でした。「ピアノが……」などとほざくのは流儀に反します。

「GPA」がどうたらとの記述があります。

Grade Point Average の略です。米国の大学で取り入れている成績評価方法で、日本でも多くの大学が導入しているそうです。履修科目の成績評価の平均値と理解します。当方が大学生時代にはありませんでした。

1年前期3・80
1年後期3・98
2年前期4・01
2年後期4・03
通算　3・94

よくわかりませんが、右肩上がりで推移しているのでよしとします。

ともかくこれでひと安心です。

いけねえいけねえ、そろそろ出発しなければ遅れちまう。

2年間愛用した戦闘服たる黒スーツを着込みます。ネクタイはいつもの黒ではなく、若草色の新品です。朝日に映えてまぶしゅうございます。

同級生の女子学生たちから数日前にいただきました。ほんのちょっとしたことへのお返し、とのことです。

感謝の気持ちで、ごくごくつまらぬことをして差し上げた別の女子学生たちからも酒を楽しむ品々を頂戴しました。よくぞ酒飲みと見抜きましたな。

義理堅く、細やかなお気遣いにただただ感謝と恐縮です。

徐々に調子に乗ってまいりました。

新聞社の後輩たちから送別会の折にいただいた「ボルサリーノ」の黒い帽子を思い出しました。かぶる機会がこれまで限られていました。きょうは晴れの日、久方ぶりにいいんじゃねえか。

そおっと箱から取り出し、かぶって鏡の前に立ちました。

スーツのズボンはまだ穿いていません。

名作ドラマ『探偵物語』に松田優作さんのこんなシーンがあったなあ。セブンスターをくわえてみました。

「品格を高めるのは帽子ではなく、それを着用する頭だ」

創業者のジュゼッペ・ボルサリーノさんがおっしゃっています。

着用を断念しました。

無遅刻無欠席で卒業

午前9時。

短大に到着しました。いつものように体温を測り、手指消毒をします。36・4度、異常なし。新型コロナウイルスはまだまだ油断できません。半月後に就職を控えたみなさんの感染は何としても防がねばなりません。

多くの女子学生が着物に袴姿です。洋装の学生もよくお似合いです。みなさん、いつにも増してたおやかで、あでやかで表情が輝いている。

花園に迷い込んだ戸惑いは入学式の時より大きいです。

おや？　男子学生の連中もスーツの着こなしがさまになっているじゃねえか。2年前にネクタイの結び方を教えてあげた野郎がディンプルなんぞこさえていやがる。胸ポケットの赤いハンカチーフがしゃらくせえ。うれしくなるぜ。

保護者もたくさんおいでです。

「娘がたいへんお世話になりました」

外で一服してキャンパスに戻って来ると、複数の親御さんが当方ごときに語り掛けてくださいます。

いえいえ、何をおっしゃいますやら。こちらこそお嬢様に助けていただき、おかげで本日を迎えることができました。お礼を申し上げるのはこちらの方です。お子さんたちは素晴らしい方ばかりです。おめでとうございます。

講堂で卒業式が始まりました。

入学式と異なり、前後左右のみなさんとはもう顔なじみです。ネクタイを贈ってくださった女子学生から「よくお似合いです」とほめていただきました。

卒業生総代の座は逃しました。当方ごときを上回る成績を収めた学生は、当然のことながらいらっしゃったのです。誇らしい。心から敬意を表します。でも野獣諸法度「無遅刻無欠席」は達成できました。これだけは、よしといたします。

式が終わって、クラスごとに集まります。担任教員から一人ずつに卒業証書が渡されます。「いろいろと助けていただきました」と望外のお言葉を頂戴しました。

その様子を同級生の親御さんが撮影なさり、動画をくださいました。貴重な瞬間を記録した映像は宝物です。

教員のみなさまとも言葉を交わしました。いずれ学生に講義を、とのお誘いも受けました。恩返しになんでもやりますとも。

絵本の読み聞かせサークルへの参加を勧めてくださった女性職員は、お身内が記者です。当方と同じように事件取材をなさったといい、在学中そうした雑談にも応じてくださいました。

当方の絵をゴーギャンのようとほめてくださった美術教員は、肖像画を描いてくださいました。不遜、がらっぱち、横柄、傲岸、賢しら……。当方の特徴を見事に凝縮した作品も宝物です。

煩雑な庶務のお仕事を担う女性職員は、ご多忙にもかかわらずパソコンの操作が不得手な当方のためにつきっきりでご指導くださいました。

「面倒くせえのがようやくいなくなる。せいせいする」とお思いの方もいらっしゃるでしょうに、どなたもおっしゃいません。みなさま、さすが大人です。

ひとり、思い出の体育館で

間もなくホテルで謝恩会が始まります。

貸し切りのバスで向かいます。

柔らかい日差しが降り注ぐ中庭で、多くの学生や保護者と記念撮影をしたり、卒業アルバムにお別れの言葉を書いたりしていたらバスに乗り遅れました。

遅れついでに、長くて苦しい時間を共有してくれたピアノ練習室や図書館にも別れを告げよう。

同級生のみなさんはとうに謝恩会場のホテルに着いている頃合です。当方は、未練がましく森閑としたキャンパスをうろつきました。四十数年ぶりの学生生活はきょうが最後です。

卒業式会場の講堂兼体育館をもういちど訪ねました。ここでドッジボールやバドミントン、バスケットボール、バレーボール、卓球に興じました。楽しゅうございました。

ふくらはぎを筋断裂した折には、情けない姿の野獣にみなさん優しく接してくださいました。エレベーターのドアを押さえていただいたり、重さ5キロの勉学バッグを持っていただいたりしたご恩は忘れませぬ。

温かい同級生に恵まれた2年間でした。

卒業文集

同級生のみなさんからは卒業式の前日、「卒業文集」を頂戴しました。縦14センチ、横18・5センチの赤いスケッチブックに、みなさんそれぞれ2ページにわたってびっしり書いてくださいました。

迷惑を掛けてばかりの風体、態度、仕草すべてが異様な当方と過ごした2年間をどう思っておられるのか。忖度なし、遠慮なしで言いたいことを自由に書いていただきたい。お怒りの方にはお詫び申し上げる。そうお願いしていました。

「目障りで仕方なかった」
「二度と会わずにすむ。せいせいする」

そんな文言を覚悟していましたが、みなさん実にお優しい。

当方ごときと一緒に撮影した写真や当方のイラストを添えてくださっています。巻末には大学祭やスポーツ大会、始業式、音楽劇などで当方が写った場面の写真も並べてくださった。そして、多くの同級生が試験の「傾向と対策」に触れ、お礼を述べてくださっていました。

「おかげで再試験なしで乗り切れた」
「勉強する時間が省けた」
「これがなければ卒業できなかった」

何度でも申し上げます。「傾向と対策」はみなさんのご協力を得てこさえたもの、そしてみなさんが懸命に勉強なさったから卒業できたのです。

慈愛に満ちたお言葉ばかりで胸が熱くなりました。短大からもらった卒業アルバムよりもずっと大きな感動を与えてくださいました。

一部を紹介させていただきます。ご寛恕ください。

●最初は不安でしたが、実際に話してみて優しい人だなと思いました（男子）

——さぞ不安だったろうな。わかるぜ。

●同じクラスだったことを一生忘れません。学校や先生に代表して意見を言ってくれてとても快適に過ごせました。先生より緒方さんから学んだことの方が圧倒的に多かったです（女子）

——いつも笑顔で接してくださったこと、当方も終生忘れません。

●人生の先輩としてあらゆる視点の意見をうかがうことができ、貴重な経験になりました（女子）

——押しつけがましくはなかったでしょうか。

●仲良くしてくださり、ありがとうございました。出会えたことはキセキだと思います。とくに印象に残っているのは羽生結弦さんをめぐるインタビューです（女子）

——こちらこそ出会えてうれしゅうございます。

●最初は先生だと思っていました。入学早々目をつけられたのかとはらはらしました。お話しする機会が多く、たくさんの思い出ができて感謝しています（女子）

——過分なるお言葉、胸に沁みます。

●優しくて話しやすくて頼りになる緒方さんと同じクラスで本当によかったです。長生きしてくださいね（女子）

――はい、酒とたばこを控え、養生いたします。

●緒方さんに出会えて本当に嬉しいです。助けられてばかりで恩返しできたかわかりませんが、また会えたら嬉しいです。ずっと元気もりもりでいてください（女子）

――いえ、助けていただいたのはこちらです。

●いつでもどんな時でも優しくしていただいて感謝しかないです。緒方さんがいてくださったからこそ乗り越えられたこともたくさんあります。いつか絶対に恩返しさせてください！（女子）

――いえ、ご自身の勇気と努力があったればこそです。

●何に対しても一生懸命、私たち一人ひとりの気持ちを受け止めてくれる、子どもの命を何よりも重んじる。こんなに尊敬できる方に出会えたのは初めてです。クラスメイトで本当によかったです。バレーいっしょにできて、とっても楽しかったです!!（女子）

——身に余るお言葉の数々、恐縮至極です。

●最初はだれかのお父さんか先生と思いました。いつも先生たちと戦ってくださってありがとうございました。同じクラスでとてもＨＡＰＰＹな毎日を過ごすことができました（女子）

——相手がどなたであれ、疑問点を冷静に議論することは大切と思い、つい……。

●自分達が先生方に言えないようなことをきっちり言ってくださったり、様々なところで助けてくれたりしてありがとうございました（男子）

——礼には及ばぬ。今後は貴殿がさよう振る舞えるよう精進せえよ。

●おかげで普段味わうことができないような大学生活を送ることができました。先生にも立ち向かってくれて、とってもかっこよかったです（女子）

——そう言ってくださるとうれしいです。

●いっぱい助けてくれてありがとうございました。２年間一緒に過ごせて幸せです。また絶対会いましょう。約束です（女子）

――はい、必ずや。

●1組の父親的な存在でもあり、代表としてどんな場面でも活躍してくれてすごくかっこよかったです。羽生結弦くんのインタビューに参加したとき、緒方さんが様々なところで必要とされていることに驚きました（女子）

――「祖父」ではないのですね。お気遣い多謝です。必要とされているのはあなたたちです。

●すごくお世話になったし、頼もしかったです。最初は厳しそうな先生だと思いました。ぶぶちゃん（ペットのウサギ）のお話をしたこと、すごく良い思い出です（女子）

――小さき者への愛情、しみじみ伝わりました。

●いつも優しく接してくれてうれしかったです（女子）

――お礼を申し上げるのは当方です。

●私が心の中で我慢していたことを先生に伝えられる緒方さんを尊敬しています。いつも丁寧な言葉遣いなのにたまに出る口の悪さが面白くて好きです（女子）

——すみません、つい地金が。

●制作物を度々褒めていただき自己肯定感がアップしました。家でよく祖父母や母に緒方さんの武勇伝を語っていました。同じクラスで過ごせて楽しかったです（女子）

——どんなお話をされたのかとても気になります。

●最初は怖そうと感じましたが、話してみると優しい雰囲気でした。困ったことがあって緒方さんに話すとすぐ解決してくれました（女子）

——第一印象、やはりさようですか。お役に立てたのなら幸いです。

●入学式の時、前に座っていた緒方さんのポケットにたばこが入っているのを見てめっちゃ怖かったです（女子）

——目薬を取り出そうとして手間取ってしまい、不快な思いをさせました。たいへん失礼しました。

●でも授業が始まってから想像していた緒方さんと違って、優しくてクラスのヒーローでした。クラスのためにいろんな人と戦ってくれて本当にありがとうございま

した（前出女子）

——そんな素晴らしい人では決してありませんが、怖いままで終わらずによかったです。

当方から、みなさんに感謝とお礼のメッセージをお渡ししました。おひとりおひとりとの思い出をたどりながら書きました。至福のひとときでした。

謝恩会では「乾杯」を歌いました。

1年時、2年時の大学祭に続いて3度目です。

みなみなさまに幸せあれ、と心から願いつつ。

おわりに　保育士になった事件記者の現在

「保育士証」
「幼稚園教諭二種免許状」
「こども音楽療育士認定証」

短大を卒業して得た文書です。
保育や幼児教育を専門家として担ってよし、とのお墨付きを手にしました。

同級生の多くは2024年4月から、保育所や幼稚園、認定こども園、児童福祉施設などに就職して働いています。

半年経った10月、いかがお過ごしでしょうか。

同級生だった女性は短大時代、学業優秀、運動抜群、ピアノもひゅんひゅん、いつでもどこでも子どもを愛してやまない人でした。授業のグループ討論では、子どもへの接し方について当方が思いもつかない視点に基づく意見をしゅっと述べ、尊敬していました。

「想像していたよりもたいへんです」

いくつかの理由を挙げながら現状を話してくれました。少し疲れて、悩んでいる様子がうかがえました。

短大にいたころ、同じクラスの女子学生から手作りのお弁当をもらってにやついていた男子学生は保育所で働いています。女子学生は別の園に就職したそうです。

「お相手を変わらず大切にしているだろうな、おう?」

その女性とはひとつ屋根の下で一緒に暮らしているそうです。

やるじゃねえか、この野郎。

女性よりも早く帰宅した日は、女性のために晩ご飯をこさえるそうです。

当然じゃねえか、この野郎。

豚バラ肉をくるくる巻いて炒めるのが得意とな。
うまそうじゃねえか、この野郎。

お仕事はどうだい。

先生の中で唯一の男性で、保育指導などの書類書きに難渋している。女児の排泄支援では、女児を正面からではなく斜めから見守るよう指導されている。段取りをめぐって先輩に注意され、むっとすることがある。「たいへんです」と明かしてくれました。

若い衆よ、案ずるには及びませぬぞ。

そりゃそうです。社会人1年目は、わからないことばかりです。学生時代に学んだことなど複雑怪奇で、魑魅魍魎《ちみもうりょう》が跋扈《ばっこ》する現実の前ではほとんど役に立ちません。

世の中、間尺《ましゃく》に合わないことばかりと心得ておいた方がよい。

出来の悪い当方なんざ毎日毎日、下手の打ちまくりで落ち込む暇すらありませんでした。

職場の人間関係、難しいですよね。

当方が「だれであっても風下には絶対に立たねえ」と突っ張っていたせいか、本当は優しいであろう先輩方とはぎすぎすしていました。唯一、毎晩飯をおごってくれた先輩だけはお慕い申し上げていました。

ある夜、当方に何やら言葉を投げつけて事務所を出た先輩がいました。よく聞こえませんでしたが、悪意だけはきっちりと理解できました。

「あ？　何ですって」

問うても答えず、自転車にまたがって走り出します。当方は近くにとめていた車に乗って追いかけました。あちらはぐんぐん速度を上げます。待て、くぉら。

追いついたと思ったら、先輩のご自宅でした。さあ勝負じゃ。

おいしい飯と酒を振る舞っていただきました。仕事の話もいっぱいしました。
怒りの炎は、いつしか仕事への情熱に変わっていましたとさ。

卒業後の日々

当方は2024年12月現在、保育や幼児教育の現場で働いてはいません。朝日カルチャーセンターで事件講座の講師を務めたり、依頼に応じて事件や犯罪を取材して原稿を書いたりしています。関東のお寺さんからは先日、「オウム真理教事件について話して」と大切な集まりでの講演を頼まれ、話してまいりました。

朝日カルチャーセンターでは、新聞記者時代の取材や培った人脈を基に事件や犯罪の背景を話し、聴講なさるみなさまと一緒に解決策を考えています。

児童虐待を何度も取り上げています。ある回では、児童福祉施設の運営に関わる方を招いて対談しました。虐待された経験のある入所者が少なくないそうです。

児童虐待は増える一方です。警察庁によると、警察が「虐待されている疑いあり」として2023年、児童相談所に通告した子どもは12万2806人で過去最多です。

事件化したのは2385件で、これも過去最多です。虐待は「身体的」、「性的」、「育児怠慢・拒否」、「心理的」に分類されています。約8割を身体的虐待が占めています。

虐待で被害を受けた子どもは2023年、やはり過去最多の2415人に達しました。このうち死亡したのは28人です。2022年は37人、その前年は54人もいました。2023年に亡くなった28人の年齢別データを見て怒りが込み上げます。1歳未満が9人で最も多いのです。

子どもへの性暴力も深刻な課題です。朝日新聞東京本社社会部で、これを国内外で精力的に取材している島崎周《あまね》記者も当方の講座にお招きしました。最近は子どもが最も安全に過ごせるはずの学校や保育所で、守るべき教員や保育士が加害者になるケースもあります。子どもにとって安全な社会とは到底言えません。貧困に喘ぐ子どももいます。

講座や取材を通して実態を掘り起こし、背景を解き開き、現状をなんとかする策を見つけようともがいています。

新聞記事、本、テレビ――不思議な縁

当方ごとき半端者が本書を上木《じょうぼく》することになったきっかけは、島崎さんがお書きになった朝日新聞の記事でした。

「セカンドライフ　本当の人生、見つけました」と題した連載記事です。「人生半ばを過ぎて生き方を変え、新たな挑戦を始めた人たちの思いの源を探る」という趣旨で、6人を取り上げていきます。

専業主婦だった50歳代で医師を目指し、62歳で医師国家試験に合格した女性らに交じって当方ごときが第6回に出ちまいました。タイトルは「63歳の元事件記者、保育の道を目指して短大へ　小さな命へ秘めた思い」（朝日新聞デジタル２０２２年８月14日公開、紙の新聞は２０２２年10月23日付朝刊）です。ああ、もう恥ずかしいったらありゃしねえ。ほか5人はみなさま仰ぎ見るような素晴らしい方ばかり。短大同様、当方はここでも甚だしく場違いです。

島崎さんは後輩の女性記者です。一緒に事件や暴力団関連の取材をしたこともあります。時にぶうぶう言いながらも熱く、地道に、ずんずん、緻密に取材をなさいます。「微力なれど手を貸すぜ」と思えるタイプの記者です。

ですが取材のご依頼は拒み続けました。

「趣旨に合うような立派な人では到底ござらぬ。最近まで朝日新聞にいた者を取り上げるのもいかがなものかの」

なれど熱意あふれる誠心誠意の申し出と、浮世の義理には昔から弱い。応じちまいました。

ＣＣＣメディアハウスの田中里枝さんが、この記事をご覧になっていました。本書の編集を担っていただいた方です。朝日新聞にいるお知り合い経由で２０２２年８月、当方に執筆をご依頼なさいました。

当初は渋りました。お話を重ねるうち、当方が尊敬する方の著書を担当なさっていること、出身大学が当方と同じであることがわかりました。

当方ごときのために遠路短大まで足を運んでくださった。執筆は卒業後で構わないとおっしゃる。誠心誠意の言動に心が揺さぶられてまいりました。「面白い本を作りたい」との熱意に最後は押し切られました。

本の執筆依頼は朝日新聞にいたころにも受けたことがあります。犯罪や事件が題材です。ありがたいお申し出ですが「新聞記者は新聞記事で勝負するのが筋」との思い込みもあり、お断りしていました。社を離れたいまなら、筋を通すことにこだわらずともよろしゅうございましょうか。

島崎さんの記事は、テレビ関係者の目にも留まったようです。

登場人物はさておき、緻密で大胆な取材に基づく記事の出来栄えと、当方がぎこちなくピアノを弾く画像に興味をそそられたのでしょう。風体怪しきおっさんが花園に迷い込んで右往左往する姿は確かに興味深いでしょう。当方だって取材者として食指が動きます。

複数の民放から取材のお申し出がありました。このうちRKB毎日放送（福岡市）の取材に応じました。毎度のごとく当初は渋りましたが、担当記者が同じ大学卒業などと外堀を埋めるのがお上手な方だったこともあり、やむなく。

短大での数日間にわたる取材の模様はニュース番組「タダイマ！」（2023年10月25日放送）で約7分間にわたって放送されました。

もう恥をさらすのは勘弁願いたし。当方は恥ずかしゅうてあまり拝見しておりませんが、YouTubeでも視聴可能のようです。笑ってやってくださいまし。

児童福祉法第1条をいつも心に

取材依頼が相次ぐなか、あることを思いつきました。

当方が恥をさらすなんざどうでもいい。メディアの取材は、同級生のみなさんにとってはきっと得難い経験になる。巻き込んで、出演してもらおう。普段ご覧になっているニュースや新聞はこうやってできるのです、とも伝えよう。

プロスケーター羽生結弦さんの魅力を語る朝日新聞のYouTubeチャンネル取材で、同級生の女子学生二人に同席いただいたのもその一環です。お二人は「貴重な経験でした」と振り返ってくださいます。

取材にいらっしゃる記者やカメラマンにいつもお願いしていました。

記事や番組で扱う分量は当方1割、学生のみなさん9割で頼むぜ。

ご理解をいただき、できるだけ多くの学生にインタビューし、授業ではたくさんの学生を撮影してくださいました。分量配分は聞き入れてもらえませんでした。
同級生のみなさんが、いま日々接しておられる子どもに「せんせいねえ、テレビに出たことがあるのですよ」と語り掛ける姿を想像します。

えー、すごい、みせてみせて
あ、せんせいがうつってる
このむさくるしいおじさん、だあれ？

たくさん言葉を交わして、会話がどんどん膨らみ、世の中への興味や関心がぐんぐん広がればいいな。

同級生のみなさんからいただいた卒業メッセージの中に、こんなことが書いてありました。

「緒方さんが園長で1組のメンバーが働ける園を作ってください」
「緒方さんが作ってくれた園なら気が楽に仕事ができると思っています」

本心ではなくとも、ご期待の声と襟を正して受け止めます。施設を運営する方から、そうしたお話をいただいたこともあります。

子どもの命を守る仕事です。
膨大な準備と調査が欠かせません。
熟慮を重ねます。

2016年に改正された児童福祉法の基本理念を繰り返し読みながら。

「第1条　全て児童は、児童の権利に関する条約の精神にのっとり、適切に養育されること、その生活を保障されること、愛され、保護されること、その心身の健やかな成長及び発達並びにその自立が図られることその他の福祉を等しく保障される権利を有する。」

子どもや若い人たちが飛び立てるように

短大入学に冷ややかだった家人は、ピアノを指導してくれただけではありません。

実習時には朝早く起きて弁当を作り、もたせてくれました。子どもたちに好評だった名札は、家人の協力なしには完成しませんでした。

童謡や手遊び歌の覚えが悪いのをみかねて、車に乗る際、好きなアーチストのＣＤを我慢して「あめふりくまのこ」（作詞鶴見正夫さん、作曲湯山昭さん）をかけてくれました。傘を忘れた雨の日はでかい葉っぱを頭に載せりゃいい、と学びました。

大いなる感謝を伝える機会をひそかにうかがっています。


編集の田中さんは、ほめ上手な方です。おだてられりゃすぐに調子に乗る当方の単純さを早くから見抜き、ご指導くださいました。自己肯定感を高める才能がおありです。保育者に向いています。おかげさまで苦しみながらも気持ちよく駄文を連ねることができました。

当方ごときのためにご尽力いただいた装幀の新井大輔さん、装画・挿画の紙谷俊平さん、校正の本望和孝さん、ありがとうございました。

販売促進などで本書刊行にかかわってくださったＣＣＣメディアハウスのみなさま、本書をお店に置いてくださった書店のみなさま、手に取ってくださった読者のみなさまに衷心《ちゅうしん》より感謝申し上げます。

全国警察のトップ、警察庁長官をお務めになった米田壯《つよし》さんに帯文を書いていただきました。和歌山・毒物カレー事件など数々の難事件捜査を指揮し、裏社会にも通じておられます。取り調べの適正化にもご尽力なさいました。20年以上にわたってご指導を仰ぎ、ときに失礼千万な議論にも応じてくださいました。ともに現役時分の個別具体的なやり取りは、ここでは「黙秘」します。無理な依頼をご快諾いただき、ただただ感謝であります。敬礼！

短大で当方を支えてくださったみなみなさまにも改めてお礼を申し上げます。とりわけ若い衆よ、困った事あらばいつでもご相談を。あなたたちよりも少しだけ長く世の中を生きてきました。お役に立てることがひょっとしたらあるかも知れません。

子どもに、世の中を憂しとやさしと思わせたくありません。願いは同じ、これからも一緒に呻吟しながらだれもが飛び立てる方法を探ってまいりましょうぞ。

夜回り途中に某所にて
２０２４年12月

緒方健二

出典一覧

・咀嚼し、言語化し、言葉を選りすぐる――言葉のプロが「若」と慕う、羽生結弦の発信力／ニューズウィーク日本版ウェブ／２０２２年11月11日公開
https://www.newsweekjapan.jp/stories/culture/2022/11/post-100056.php

・63歳の元事件記者、保育の道を目指し短大へ　小さな命へ秘めた思い／連載「セカンドライフ　本当の人生、見つけました」第６回／朝日新聞デジタル／２０２２年８月14日公開
https://www.asahi.com/articles/ASQ8563XRQ7MUTIL03M.html

・「軽々しく扱われてよいわけがない」「守りたい」犯罪犠牲の子供に〝やるせなさ〟を募らせた事件記者（64）が選んだのは「保育の道」／ＲＫＢ毎日放送ＮＥＷＳ／２０２３年10月26日公開
https://youtu.be/Noxog59fdz4?si=R67UrF7q1WCkmlV4

・【拝啓 羽生結弦 様】元事件記者が語る「若」の魅力／「朝日新聞のフィギュアスケートＹｏｕＴｕｂｅチャンネルKiss and Cry Plus／２０２３年３月17日公開
https://youtu.be/H-X5UmuoD2E

付録

緒方健二『事件記者、保育士になる』チャンネル

短大生活の写真や、著者本人による本書朗読を配信中。

YouTube
www.youtube.com/@jikenkisha

緒方健二（おがた・けんじ）

1958年大分県生まれ。同志社大学文学部卒業、1982年毎日新聞社入社。1988年朝日新聞社入社。西部本社社会部で福岡県警捜査2課（贈収賄、詐欺）・捜査4課（暴力団）担当、東京本社社会部で警視庁警備・公安（過激派、右翼、外事事件、テロ）担当、捜査1課（殺人、誘拐、ハイジャック、立てこもりなど）担当。捜査1課担当時代に地下鉄サリンなど一連のオウム真理教事件、警察庁長官銃撃事件を取材。国税担当の後、警視庁サブキャップ、キャップ（社会部次長）5年、事件担当デスク、警察・事件担当編集委員10年、前橋総局長、組織暴力専門記者。

2021年朝日新聞社退社。2022年4月短期大学保育学科入学、2024年3月卒業。保育士資格、幼稚園教諭免許、こども音楽療育士資格を取得。得意な手遊び歌は「はじまるよ」、好きな童謡は「蛙の夜まわり」、「あめふりくまのこ」。愛唱する子守歌は「浪曲子守唄」。

朝日カルチャーセンターで事件・犯罪講座の講師を務めながら、取材と執筆、講演活動を続けています。「子どもの最善の利益」実現のために何ができるかを模索中です。

事《じ》件《けん》記《き》者《しゃ》、保《ほ》育《いく》士《し》になる

2024年12月30日　初版発行

著者　緒方健二
発行者　菅沼博道
発行所　株式会社ＣＣＣメディアハウス
〒141-8205
東京都品川区上大崎3丁目1番1号
電話　販売 049-293-9553
編集 03-5436-5735
http://books.cccmh.co.jp

装幀　新井大輔
装画／挿画　紙谷俊平
校正　本望和孝
ＤＴＰ　有限会社マーリンクレイン
印刷・製本　株式会社新藤慶昌堂

ISBN978-4-484-22120-5